織田信長

不器用すぎた天下人

東京大学史料編纂所准教授
金子拓

河出書房新社

装丁＊こやまたかこ
図表作成＊アルファヴィル

はじめに――〝裏切られ〟から見えてくる人間・織田信長

日本の戦国時代（十六世紀頃）は、戦国大名や中小領主たちによる合従連衡《がっしょうれんこう》・離合集散《りごうしゅうさん》が、時代を動かすひとつの要因となった。

大名たちは支配領域の維持、あるいはその拡大のために、周辺勢力と婚姻・養子などを媒介にして同盟をむすんだり、あるいは同盟を破棄《はき》して（当時の言葉で「手切《てぎ》れ」という）相手を攻めるなど、めまぐるしく関係を変化させていった。

いっぽうで戦国時代は、〝下剋上《げこくじょう》〟、つまり臣下の者が主君を討《う》って権力を握ることが、その時代の風潮として顕著《けんちょ》に見られるようになる時代でもある。同盟の破棄や下剋上は劇的でもあるから、歴史が動く大きなきっかけとして、わたしたちの印象に強く刻まれることが多い。

この時代を代表する武将のひとり織田信長《おだのぶなが》もまた、このような風潮とは無縁ではなかった。いやむしろ、それにまみれていると言っても過言ではない。

これはたんに信長という存在が目立つからなのか、信長がおなじ時代の戦国大名のなかで、もっとも勢力を拡大し、京都を含む畿内《きない》を制圧して、天下人《てんかびと》という立場になったがゆえに、抵抗する敵も多く出現し、同盟破棄や下剋上にまみれているように見えるだけなのか。

ただ、彼の一生が、家臣・惟任《これとう》（明智《あけち》）光秀《みつひで》の謀叛《むほん》（本能寺の変）によって、劇的なかたちで幕を閉じるということを考えたとき、やはり信長は、この時代の風潮を体現していると考えても許されるのではあるまいか。

本書では、織田信長を中心にすえ、彼との同盟関係を破棄して敵対した戦国大名、また、彼のもとから離叛《りはん》して敵対した家臣それぞれと信長の関係を見てゆくことで、織田信長というひとりの武将の人物像を考えてみたいと思う。

平たく言えば、信長を裏切った人物と信長の関係を考えるということであり、信長にとってみれば、裏切られた事情を探るということになる。

戦国大名同士の同盟関係の破棄と、家臣の主君に対する叛逆《はんぎゃく》を、ひとまとめに〝裏切り〟という言葉で把握することに問題がないわけではないが、ひとまずこれを〝裏切り〟とまとめ、信長の〝裏切られ〟の様相をひとつひとつ見てゆけば、信長像の一面を明らかにできるのではないか、というのが本書のねらいである。

以下取りあげるのは、述べる順番に、浅井長政《あざいながまさ》・武田信玄《たけだしんげん》・上杉謙信《うえすぎけんしん》・毛利輝元《もうりてるもと》・松永久秀《まつながひさひで》・荒木村重《あらきむらしげ》・明智光秀の七人である（久秀・村重は二人で一章にまとめた）。

信長を裏切った時代順に並べたが、奇《く》しくも、はじめの四人が信長にとってライバルの戦国大名であり、残り三人が信長の家臣である。

なぜ、どのように信長が裏切られたのか、信長は彼らの裏切りにどう対処したのか、という点に注目しながら、それぞれの人物と信長の関係について考え、そのなかから浮かんでくる人間・織田信長の姿をつかんでみたい。

本書の性格上、文中に参考文献を示すことはせず、巻末に主要参考文献としてまとめた。学説などについては、名前を出したばあいもあるが、名前を出さずに文献に依拠《いきょ》したばあいもある点お許しいただきたい。

史料は、現代語訳もしくは原文の読み下しにより掲げ、（　）内に典拠《てんきょ》を示した。すでに活字史料集に収められているものについては、典拠名につづけて、参照しやすいと思われる史料集の番号を掲げた。

史料集の表示方法は、次に示すとおり略称とした。ただし、東京大学史料編纂所《しりょうへんさんじょ》編纂『大日本古文書《だいにほんこもんじょ》』収録文書については、たとえば『毛利家文書』○号のように、典拠名と文書番号のみを掲げた。

信…奥野高広編『増訂織田信長文書の研究』
北…杉山博・下山治久編『戦国遺文後北条氏編』
武…柴辻俊六・黒田基樹編『戦国遺文武田氏編』
上…『上越市史』別編1上杉氏文書集一
明…藤田達生・福島克彦編『明智光秀』
大…東京大学史料編纂所編纂『大日本史料』
瀬…土居聡朋・村井祐樹・山内治朋編『戦国遺文瀬戸内水軍編』

織田信長　不器用すぎた天下人／目次

第二章　武田信玄――気づかなかった裏切り

第三章　上杉謙信――支援約束の果て

第五章　松永久秀と荒木村重――家臣の裏切り

終章　信じすぎた報い

第一章 浅井長政

――妹婿の離叛

第1章／略年表

永禄２年(1559)	１月	浅井猿夜叉、元服して新九郎賢政と名乗り、六角氏家臣平井氏より妻を迎える。
	４月	賢政、妻平井氏を離縁する。
永禄３年(1560)	５月	桶狭間の戦い。
	秋頃	斎藤氏、六角氏と同盟を結ぶ。
	10月頃	浅井久政隠居し、賢政が浅井家の家督を継ぐ。
永禄４年(1561)	５月	美濃斎藤義龍病死。嫡男龍興が斎藤家を継ぐ。
	５月頃	賢政、名乗りを備前守長政に改める。 (この頃、長政、信長妹お市と結婚する)
永禄10年(1567)	９月	信長、美濃稲葉山城を落とし、ここを岐阜と改め居城とする。
永禄11年(1568)	９月	信長、足利義昭を擁して上洛を開始する。
	同	上洛の途上、六角氏の居城観音寺城を攻め、これを落とす。
永禄12年(1569)	２月	義昭御所造営のため近江から人夫を出す。
永禄13年(1570)	１月	信長、禁裏御所修理などのため諸大名に上洛命令を発す。
	４月	信長、若狭に出陣し武藤友益を降伏させ、さらに越前に攻め入る。
	同	信長帰陣の途中、浅井長政裏切る。
	同	永禄から元亀に改元される。
元亀元年(1570)	６月	姉川の戦い。信長・家康、浅井・朝倉氏の軍勢を破る。
天正元年(1573)	８月	信長、浅井氏の小谷城を攻め、これを落とす。久政・長政父子自害する。

◉戦国大名浅井氏の台頭

本書でとりあげる信長を裏切った武将のうち、織田信長を討つことに成功した明智光秀は除き、信長が危険を感じるところまで肉迫することができたと思われるのは、本章でとりあげる浅井長政ただ一人である。

次章以下に述べる武田信玄・上杉謙信・毛利輝元ら戦国大名たちと信長は、その同盟関係を、婚姻や養子などの縁組（同盟）によって強化しようとした。さらに信長の娘を嫡男《ちゃくなん》の正室として迎えた徳川家康も、ここにくわえることができるだろう。ただ、信長と他大名との婚姻を考えたとき、多くの人の頭には、真っ先に浅井長政の名前が浮かんでくるのではあるまいか。そうだとすれば、長政に嫁《か》した信長の妹お市《いち》の方の存在が大きい。

長政と死別したあと、信長の重臣・柴田勝家《かついえ》に再嫁《さいか》し、その後、勝家と羽柴《はしば》秀吉の対立のすえ、居城である越前北庄《きたのしょう》城を攻められ、夫勝家とともに死をえらんだお市の方の波《は》瀾《らん》に富んだ人生は、秀吉室《しつ》・茶々《ちゃちゃ》（淀殿《よどどの》）、京極高次《きょうごくたかつぐ》室・初《はつ》（常高院《じょうこういん》）、徳川秀忠室・江《ごう》（崇源院《すうげんいん》）ら、お市の三人の娘たちの存在ともあいまって、戦国時代の歴史のなかに印象深く刻まれている。それゆえにこそ、お市の方を妻とした長政の裏切りも、大きな事件として印象深く伝えられているのだろう。

本章では、浅井氏と織田氏がいかなる事情で縁組をし、なぜ長政が信長を裏切ることになったのかを考えてみたい。

最近、戦国時代の近江《おうみ》および浅井氏の研究者である宮島敬一氏や太田浩司氏らの手で、浅井氏の盛衰をまとめたすぐれた本が刊行されているので、これらに大きく依拠しながら、まずは長政以前の浅井氏が、北近江にいかにして権力を構築していったかというあたりからたどってみることにする。

浅井氏が歴史の表舞台に登場するのは、長政の祖父である亮政《すけまさ》の時代であるという。浅井氏の出自《しゅつじ》はよくわかっていない。宮島氏は、公家三条公綱落胤《きんつならくいん》説・物部守屋後裔《もののべのもりやこうえい》説など、これまで説かれてきたいくつかの説を紹介しているが、そのどれもが信頼性に欠けるとする。鎌倉時代に北近江に勢力をもった浅井氏なる一族が確認できるものの、直接つながるかどうかも明らかでないという。ちなみに太田氏は、浅井氏を浅井郡丁野《ようの》（現在の滋賀県長浜市小谷丁野町《おだにようのちょう》）出身と述べている。

戦国時代に、この地にふたたび浅井氏の名前が見られるようになるのは、十六世紀前半の頃であった。近江北部（北近江）の守護・京極氏に属して近江北部に拠点を築き、この地域の郡名（現在の滋賀県長浜市・米原市あたり）である「浅井」を名字とした。宮島氏は、郡名をわざわざ名乗ったことに、その地域の支配者たろうとする自己主張があったのではないかと論じている。

戦国時代の近江国は、北を京極氏が、南を六角《ろっかく》氏という鎌倉時代の名族佐々木氏の流れをくむ一族が守護《しゅご》として勢力をもち、国内において独自に支配を展開する中小の国衆《くにしゅう》たちが彼らに従っていた。

浅井長政画像〈東京大学史料編纂所所蔵模写〉

京極氏の跡継ぎ争いや、京極氏と六角氏との対立など混乱がつづくなか、亮政は京極氏の内部で頭角をあらわし、天文《てんぶん》三年（一五三四）には、居城の小谷城《おだにじょう》に守護・京極高清《たかきよ》を迎えた大々的な饗宴《きょうえん》を催すなど、北近江における有力者としての立場を鮮明にした。

亮政は天文十一年に没するが、その晩年には京極氏と対立し、六角氏に降《くだ》ったという。亮政の跡を継いだのは嫡男ではない久政《ひさまさ》であった。久政は同十三年、小谷城下の徳昌寺においで父の三回忌法会《ほうえ》を営み、家督《かとく》を継承した。その後ろ盾となったのは六角定頼《さだより》である。

しかしその後、京極氏との争いや定頼の死去などもあり、久政は主君を一時、京極氏に乗り換えたとされる。ところがその直後、定頼の跡を継いだ義賢《よしかた》（のちの承禎《じょうてい》）が力をつけて京極氏との戦いを終熄《しゅうそく》させ、久政はふたたび六角氏に従属する。天文二十二年の頃である。浅井氏は六角氏に従うことによって、北近江における京極氏の勢力をしのぎ、地域権力として確立したという。

浅井長政の登場

六角義賢に従った久政は、嫡男の猿夜叉《さるやしゃ》を元服させるさい、諱《いみな》の一字をもらい受け、猿夜叉は「新九郎賢政《かたまさ》」と名乗った。彼が後の長政である。元服は永禄《えいろく》二年（一五五九）正月、賢政十五歳のときのこと。妻に六角氏の家臣・平井定武《さだたけ》の娘を迎えた。名前・妻いずれも六角氏に従う浅井氏の立場を示している。

ところが浅井家中に、対六角氏強硬策を唱える人びとがおり、賢政元服を機に彼を当主に擁《よう》し、六角氏から離れようという動きが顕在化《けんざいか》した。平井氏から迎えたばかりの妻を離縁したのは、永禄二年四月のことだという。そして翌三年には久政が隠居して、賢政が家督を継いだ。

さらに同四年に賢政は、義賢から与えられた「賢」の字を放棄し、「長政」と名乗りをあらためた。「備前守賢政《びぜんのかみ》」と記した文書の終見《しゅうけん》が同年四月二十五日付であり、「備前守長政」と署名した初見《しょけん》が六月二十日付の文書であるので、この約二か月のあいだに名乗りを変えたわけである。

六角氏と訣別《けつべつ》するため（妻を離縁し）、「賢」の字を捨てたのはわかるが、代わりにえらんだ「長」の字は何に由来するのだろうか。

想像がつくと思われるが、宮島氏・太田氏ともこれを信長の「長」字をもらい受けたのだとする。この説は、大正年間に刊行された『東浅井郡志』以来の説だという。しかし、わたしは疑問をおぼえる。

宮島氏は、中世史研究者である佐藤進一氏の花押《かおう》をめぐる研究を参考に、長政・信長の花押に注目した。長政は「長」字を右に倒した形、信長は「信長」の二字を草書体《そうしょたい》で左横書きし裏返した形であり、いずれも「実名を倒したり裏返したり」して作られた花押であること、戦国時代には親子などに花押の「襲用《しゅうよう》」（同じ花押を受け継ぐ）が見られることなどから、信長とむすんだことを契機《けいき》に、長政が名前と花押を変えたとする佐藤氏の説に賛同している。

信長は花押を頻繁《ひんぱん》に変えていることでも知られる。「『信長』の二字を草書体で左横書きし裏返した形」の花押は、天文二十一年（一五五二）頃に用いていた。

ただ、賢政が長政と名乗りを変えた永禄四年頃に用いていたのは、これとはまったく異なる形の花押なのである。信長が約十年前に捨てた花押の作り方をこの時点で真似るということがあるのだろうか。

妹・お市と長政の婚儀

太田氏は花押とは別に、信長妹お市と賢政の婚儀《こんぎ》が成立したことにより、名を「長政」とあらためた、つまり婚儀と改名は連動しているとする。

お市が長政と婚儀をむすんだ時期については、多くの説が出されており、いまだ定説を見ていない。宮島氏は、永禄二年から同十一年までにわたる、七つの説を紹介・検討したうえで、永禄二年六月以降、遅くとも同六年を下らない早い時期と結論づけた。

いっぽうで太田氏もまた同様に検討をおこない、『東浅井郡志』が唱える永禄四年五月頃という説を支持している。

宮島氏は、妻平井氏の離縁・六角氏への訣別、長政への改名・お市との婚儀による信長との連携は一連のものであるとみなす。太田氏も、長政改名とお市との婚儀・信長との同盟が一連のものとする。

お市と長政の婚儀が、信長との同盟を意味することは間違いない。それが両氏の指摘する永禄四年頃になされた(六角氏への訣別と表裏の関係にある)という点も説得力がある。ただ、長政の「長」が信長の一字をもらい受けたという点のみ、納得ができないでいる。

猿夜叉が元服して「賢政」と名乗ったのは、浅井氏が六角氏に従属していたからである。一般的に、名乗りのうち一字(偏諱《へんき》)をもらうというのは、主従関係にある同士で成立する儀礼行為であった。信長と長政(浅井氏)が、六角義賢と賢政(浅井氏)のような上下関係にあったとは、とうてい思えないのである。

そもそも信長と長政、なぜ両者は婚姻によって同盟関係をむすんだのだろうか。

永禄四年頃といえば、信長は前年に桶狭間《おけはざま》の戦いにおいて今川義元《よしもと》を討ち、尾張《おわり》に対する今川氏の脅威《きょうい》を除くことに成功した直後であった。いっぽう、その年の五月、信長の舅《しゅうと》・斎藤道三《どうさん》を殺害して斎藤家の当主となっていた義龍《よしたつ》が病死し、十三歳の嫡男・龍興《たつおき》が跡を継いでいる。義龍の家督継承後、美濃《みの》の斎藤氏と信長は敵対関係にあった。

斎藤氏は永禄三年秋頃に、浅井氏と敵対する六角氏と同盟をむすんだという。浅井氏・織田氏はそれぞれ斎藤・六角同盟を敵としていたのである。敵の敵は味方というたとえのとおり、これによって浅井氏・織田氏は同盟をむすんだのではないかと考えられている。

両者の同盟は、別に〝遠交近攻《えんこうきんこう》〟と呼ばれる外交政策でもあった。信長は美濃の西に接する浅井氏と同盟をむすぶことにより、自分たちが攻撃を仕掛けるさいには、つねに背後を警戒させることになる。長政は信長の妹を妻に迎えることにより、六角氏との争いに織田氏の協力を得られる可能性をつかんだ。双方に利がある同盟であった。

そのような経緯でむすばれた同盟に、偏諱を与え・与えられるという関係は、そぐわないように思える。太田氏は、お市の嫁入りというかたちで同盟がむすばれたことについて、「信長側の圧倒的な不利な条件」「信長側の必要性から同盟は成立した」とも書いており、そうなるとますます長政が信長の名前をもらい受けるという関係と、同盟締結の動機に矛盾が生じるような気がする。

では「長」は何に由来するのか、ということになるが、これは元服して賢政を名乗ったときのように誰かの一字をもらい受けるといったことではなく、主体的にえらんだのがたまたまその字だった、と考えるほかないのではないか。納得してもらえるとは思えないけれども。

いま述べてきた両者の同盟締結の経緯をまとめてみよう。永禄二年に浅井賢政は、六角氏重臣の家から入っていた妻を離縁し、名も「長政」とあらため六角氏との訣別を示した。その後の同四年頃、長政は対六角氏の必要上、信長は対斎藤氏の必要上、お互いに同盟をむすぶことになり、その証《あか》しとして信長妹の市が長政のもとに嫁入りした。

信長と長政の同盟関係

次に、同盟締結後の両者の関係を見てゆくことにする。

信長は永禄十年八月から九月にかけて、斎藤氏の居城である美濃の稲葉山《いなばやま》城を攻め、これを落とし、美濃を支配下においた。その後、本拠を小牧山《こまきやま》城から稲葉山城に移し、ここを「岐阜《ぎふ》」とあらためる。この直後から「天下布武《てんかふぶ》」の文字を刻した印判状を用いるようになった。

稲葉山城攻略以前より、すでに越前にあった足利義昭《よしあき》から上洛《じょうらく》に協力するよう要請《ようせい》があり、信長もこれに前向きな姿勢を見せていたが、実現したのは同十一年九月のことである。

上洛の直前、義昭と信長は近江の六角承禎に対して協力を要請した。実現すれば「天下の所司代《しょしだい》」（京都の守護職）に任じるという条件で誘ったものの、承禎はこれを拒否した。

美濃より上洛するためには、近江は押さえておかなければならない要地である。信長は上洛の大軍をもって、承禎の居城・観音寺《かんのんじ》城を攻めたところ、承禎たちは城を捨てて逃亡したという。観音寺城を手に入れたのは九月十三日だと、信長の家臣・太田牛一《おおたぎゅういち》が著した『信長記《しんちょうき》』（巻一）にある。

その後、信長たちが入京したのは九月末のこと。北近江の領主である長政もこの作戦に協力したと思われるが、『信長記』には登場しない。『信長記』をもとに江戸時代の初め頃に小瀬甫庵《おぜほあん》が潤色《じゅんしょく》をくわえて著述した『甫庵信長記』には、こんな話が書かれてある。

近江に入った信長は、六角氏の観音寺城攻めにあたり、近くの箕作《みつくり》城を攻めようとした。それに対し、家臣の坂井政尚《まさひさ》は、箕作城は観音寺城からさほど離れておらず、六角氏が攻撃してくるかもしれないとして、両城の中間地帯をまず掌握《しょうあく》することを進言した。

信長はこれを受け、長政の自国でもあるので彼にその作戦を委《ゆだ》ねようと考え、家臣の佐々成政《さっさなりまさ》と福富秀勝《ふくずみひでかつ》を使者として、長政に要請した。長政は家老たちを集め評定《ひょうじょう》したがまとまらず、返事を渋っている様子であった。その様子を察した使者・成政らは、「彼らは出陣しないだろう」と判断して、信長にそう報告した。

信長はこれを不快に感じるかと思いきや、「今度浅井とはじめての御見参《ごけんざん》、殊《こと》に君臣《くんしん》の睦《むつみ》もいまだ初々《ういうい》しき事なれば」と笑い、自軍でこの作戦をおこなうことにして、浅井氏には箕作城攻めをあらためて要請し、ふたたび成政らを派遣した。そのとき信長は「彼大ぬる者の浅井が所存にては、両条いずれもやは請候《うけそうろう》べし」と口にして、家臣たちに軍議をうながしたという。

「大ぬる者」は「大いにぬるい者」の意味だろうか。「ぬるい」には、「のろい」「機敏でない」「冷淡だ」「軟弱だ。頼りない」という語釈があるが（『日本国語大辞典第二版』）、このばあいは最後の「軟弱だ。頼りない」が該当するかもしれない。

「やは」は反語・疑問の意味をもつ係助詞である。「たいそう軟弱な浅井氏の態度では、このふたつの提案（信長が両城の中間地帯を押さえ、浅井氏が箕作城を攻めること）を受けるだろうか、いや受けないだろう」となるだろうか。信長は浅井氏をあてにせず、だから部下に軍議を開く命を出したのだ。

『信長記』に見えないこの話を甫庵がいずれから得たのか、彼の創作なのか、それとも事実なのかは定かではない。宮島氏は、この挿話《そうわ》を両者の対立の伏線と指摘するが、たしかにのちに長政が離叛する伏線として、信長の要請に簡単に従わない浅井家中の様子を表現したのかもしれない。

気になるのは、この時点で信長が長政との関係を「君臣の睦」と認識していたのかどうかである。そうだとするなら「長」字も信長の一字とすべきかもしれないが、やはり後の結果からこの話が作られたように思えるのである。

ただ、同盟をむすんでいた浅井氏と織田氏が実際に協力する場面としては、この上洛時が最初であることは間違いないようだ。織田氏の軍勢が京都周辺で軍事行動をおこなっている様子を公家・山科言継《やましなときつぐ》が日記『言継卿記』に記録している。そこに「江州北郡衆・高嶋衆八千ばかり」が京都の神楽岡に陣取ったとある。「江州北郡衆」が浅井氏の軍勢だろうと考えられている。

長政が信長に叛旗《はんき》を翻《ひるがえ》すのはこの一年半後、永禄十三年（元亀《げんき》元年）四月のことだが、この間の浅井氏と織田氏の関係を示す史料はほとんどない。同十二年二月に着工された義昭の御所《ごしょ》造営に動員された諸国のなかに近江が見えることから（『言継卿記』『信長記』巻二）、宮島氏は、長政もこの工事に動員されたとしている。

長政、義兄を裏切る

いま述べたように、長政は永禄十三年（元亀元年）四月に信長を裏切った。その経緯を見てゆこう。

この年の四月二十日、信長は三万の軍勢を率いて京都から近江坂本に下った。若狭《わかさ》に出陣するためだという（『言継卿記』）。実際、のち七月に毛利元就《もとなり》に送った書状のなかで信長は、「若狭の国端にいる武藤と申す者が悪逆を企てているので、これを成敗《せいばい》しなさいという義昭の命令が下り、四月二十日に出馬しました」と書いている（『毛利家文書』信二四五号）。

武藤とは、若狭の守護・武田氏の重臣である武藤友益《ともます》のことである。戦国史研究者の功《く》刀《ぬぎ》俊宏氏によれば、戦国時代の若狭武田氏は一族対立をくりかえし、隣国越前の大名・朝倉氏の介入をまねいた結果、家中は朝倉氏に近い者と、義昭に近づいた一族・武田信方《のぶかた》を

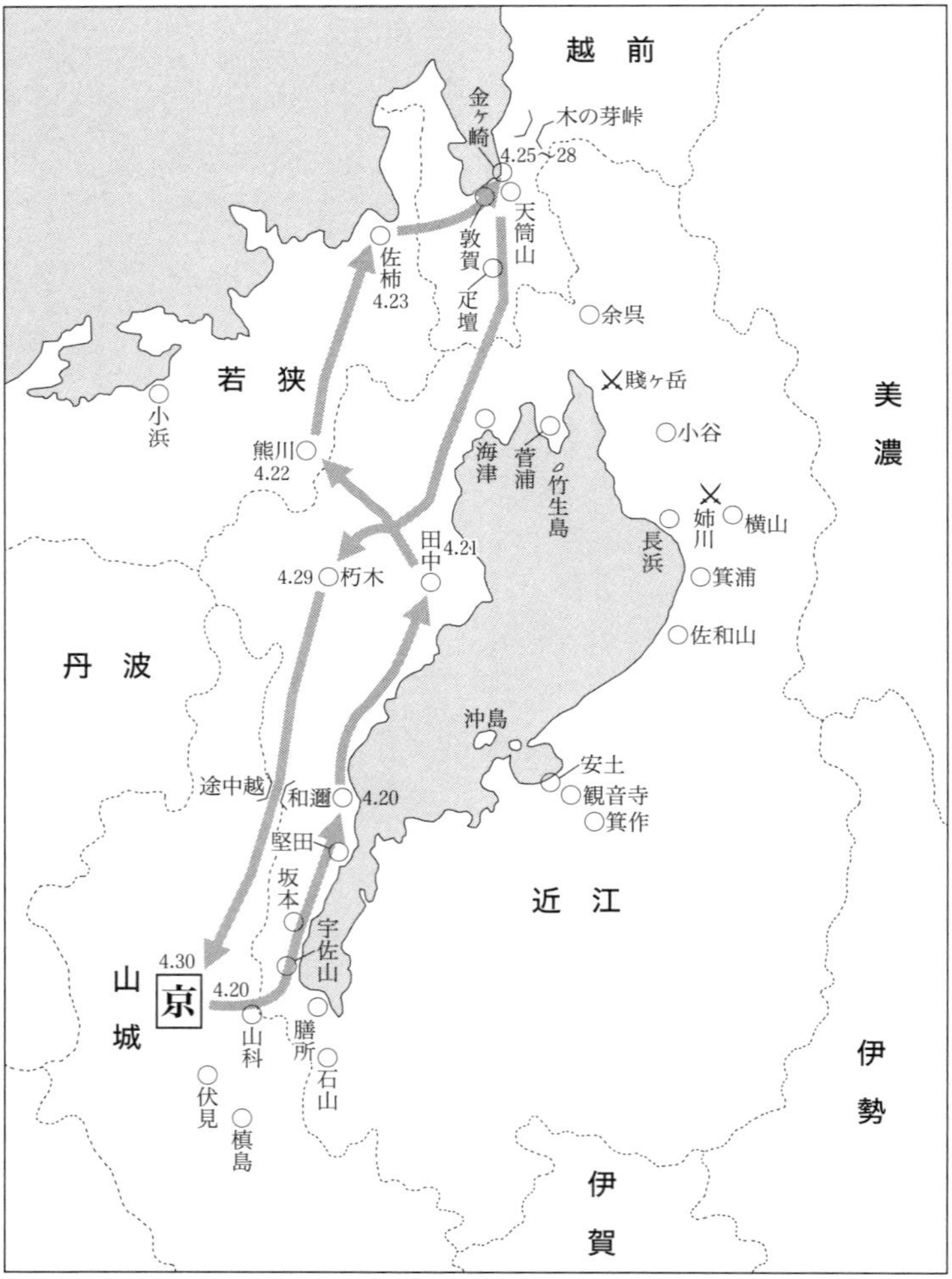

元亀元年の信長若狭・越前攻め関係地図
〈谷口克広『戦争の日本史13　信長の天下布武への道』吉川弘文館・86頁所載地図に手を加えた。矢印は信長の進軍経路、数字は発着の日付〉

支える者に分裂していたという。友益は朝倉氏に近い立場の人間であり、義昭の意に従わなかったために、成敗の命令が下されたのである。

若狭に入った信長に対し、友益はほどなく降伏した。これを受け信長は、越前に攻め入ることを決めた。先の元就宛《あて》書状によれば、「武藤は一向に背《そむ》いたわけではなかったのですが、越前（朝倉氏）が介入しているという（原文は「越前より筋労を加え候」）遺恨《いこん》が大きかったので、そこから直接、越前敦賀《つるが》郡に侵入しました」とある。

このときの信長の出陣は、義昭の上洛以後従おうとしない朝倉義景《よしかげ》に対し攻撃を仕掛けようとした、つまり若狭攻めは、越前攻めの口実であるという考え方が一般的である。しかし功刀氏は、もともとの目的は義昭の命を受けた若狭・武藤氏攻めであると指摘する。武藤氏攻めが労せずに終わったため、余力をもって越前に攻め入った。そう考えたほうがいいだろう。

このときの越前攻めでは、敦賀郡の手《て》（天）筒山《づつやま》・金《かね》ケ崎《さき》の両城（現在の福井県敦賀市）を攻撃している。天筒山城は力攻めで落とし、金ケ崎城は城主の朝倉景恒《かげつね》が降伏し、開城している（『毛利家文書』『信長記』巻三）。四月二十五日のことである。

『信長記』には、このあと信長は木《き》の芽《め》峠を越えて、敦賀郡から国府《こくふ》（府中）の所在する丹生《にゅう》郡に乱入しようとしたとある。そこに、長政裏切りの報が飛びこんできた。

しかし、先の元就宛書状では、「すぐに国中（敦賀郡以東ということか）に兵を動かそうとも思いましたが、備前《びぜん》・播磨《はりま》に出勢するという内々の約束もありましたので、ちょうどよい区切りでもあり、金ケ崎城には番兵を入れて、ひとまず帰洛いたしました」とある。そして、その帰洛途中に長政の裏切りを知ったと書いている。

一般的な考え方に従えば、信長の書状を信じるべきであろうが、毛利氏との軍事協力のため帰洛したという説明をわざわざくわえている点、真相が怪しくなってくる。このとき信長は、木の芽峠を越えての本格的な朝倉氏攻めを考えていたのか、書状にあるとおり敦賀郡への出兵のみで帰洛しようとしたのか、出兵目的とも絡んでくるので、慎重な検討が必要だろう。

さて、長政裏切りを信長が知った場面である。

『信長記』には、長政裏切るとの注進《ちゆうしん》を受けた信長は、「浅井は歴然《れきぜん》の御縁者たるの上、あまつさえ江北一円に仰《おお》せ付けらるるのあいだ、不足これあるべからずの条、虚説たるべしと思《おぼ》し召《め》」したが、方々よりこれは事実であるという報告がなされ、「是非《ぜひ》に及《およ》ばず」として、金ケ崎城には木下秀吉を置き、四月晦日《みそか》に琵琶湖の西側近江朽木《くつき》へと越える経路

▼

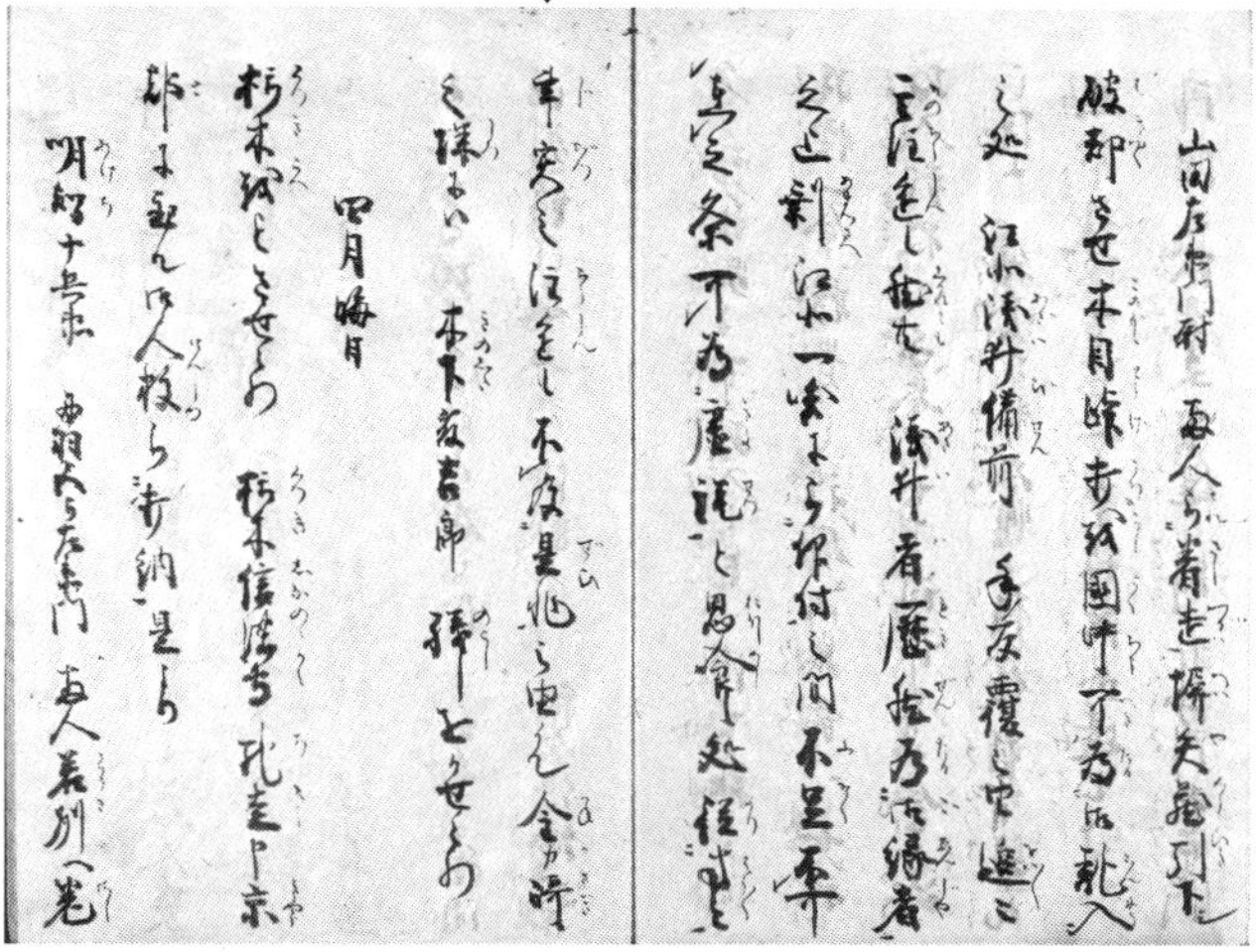

『信長公記・巻三』長政裏切りの場面〈建勲神社（京都市）所蔵〉

で京都へ帰ったという。いわゆる「金ケ崎の退口《のきくち》」と呼ばれる退却戦である。

信長は、浅井氏は歴然たる縁者であるうえ、北近江の支配を委《ゆだ》ねているので不足があるはずがなく、嘘だと思った。最初は耳を疑い、信じようとしなかったのである。

裏切りに遭《あ》ったとき、初めは信じなかったというのは、のちに述べる松永久秀や荒木村重のばあいと共通している。光秀謀叛《むほん》を知ったときに信長が発したとされる「是非に及ばず」のことばを、太田牛一はここでも用いている（上図版▼の行）。

辞書を引くと、このことばは「よしあし、やりかたなどを、あれこれ議論する必要はない」「どうしようもない」「しかたがない」「やむを得ない」といった意味だが（『日本国語大辞典第二版』）、このばあいはどう考えればよいだろう。とにかくいまは考えている余裕などない、即時に戻ろうという意味での「是非に及ばず」だったのではあるまいか。

先の元就宛書状では、帰洛途中に長政が「別心易色《べつしんえきしょく》」したとある。「易色」（色を易《か》える）とは、反乱するという意味を示す「色を露《あら》わす」と同意だろう。あくまで、馬の鼻を京都に向けていたときに長政の裏切りに遭った、という主張は崩さない。

公家・中院通勝《なかのいんみちかつ》の日記『継芥記《けいかいき》』には、前夜（四月晦日の夜）、信長は十人ばかりを連れて越前から上洛してきたとある。引き連れていた三万に及ぶ大軍から離れ、わずかな供回《ともまわり》だけで京都に戻ってきたのである。

通勝は、信長帰洛の理由を「江州無道《むどう》ゆえ」と書く。「無道」は道理に背《そむ》くという意味である。「江州」とはこのばあい長政を指すと思われるから、京都の通勝の耳に入った情報も、長政の裏切りという内容だった。

なお余談めいた話になるが、江戸時代の比較的早い時期に成立したとされる徳川創業史のひとつ『松平記《まつだいらき》』や、三河譜代《ふだい》の家臣・大久保忠教《ただたか》が著した『三河物語』には、信長はこのとき、一緒に出陣していた徳川家康に知らせず、彼らを置き去りにして退却したと書かれている。もしこれが本当だとすれば、同盟相手の家康に対してひどい仕打ちである。

裏切りの動機をめぐる諸説

なぜ浅井長政は、信長を裏切ったのだろうか。

従来は、信長が朝倉氏を攻撃したことに対して、朝倉氏とむすんでいた長政がこれを助けるため信長を裏切ったと考えられていたが、近年は別の説が出されている。宮島氏は、もともと朝倉氏と浅井氏が強い同盟関係にあったわけではないことを指摘して、朝倉氏援護説を採《と》らず、裏切りの理由を考えるためには、長政と信長の関係に注目すべきだとする。

それでは、この両者はどのような関係にあったのだろうか。まずは裏切られた信長が長政のことをどう見ていたのかを、史料によって確認しておきたい。

先ほどから再三触れている元就宛書状には、「彼らの儀、近年別して家来せしむるの条、深長《しんちょう》に隔心《かくしん》なく候《そうら》いき」とある。彼らは近年とくに家来として従っており、深い関係で疎遠《そえん》ではありませんでした、というのだ。別の箇所では、長政は元来小身である（さほど所領《しょりょう》は多くない）ので、成敗するのは簡単だとも言っている。

信長研究の第一人者谷口克広氏は、先に引用した『信長記』にある「不足これあるべからず」のくだりについて、「はなはだしく浅井氏を軽んじた、傲岸不遜《ごうがんふそん》な物言い」と評している。それからすれば、この書状の「家来せしむ」「元来小身で成敗はたやすい」という表現は、それに輪をかけて傲慢《ごうまん》な言い方であろう。

もっとも『信長記』は、厳密に言えば牛一による表現である。いっぽうの元就宛書状も、長政の裏切りを知ったあと、京都に戻って態勢を立て直してから書かれたもの、つまり、やや落ち着いてから裏切り者である長政のことを表現した文面であり、裏切られる以前から、信長が長政をそうとらえていたかどうかはわからない。

おなじような同盟相手であり、姻戚関係にある家康と比較してみよう。

長政が信長を裏切る数か月前の永禄十三年正月、信長は、禁裏御所《きんりごしょ》の修理や室町幕府の御用のため、畿内およびその周辺の諸大名に対して上洛命令を発した。命令を受けた諸大名の名前が、奈良の僧侶の日記（『二条宴乗日記』）に記されている。筆頭にある伊勢《いせ》・北畠《きたばたけ》氏の次に、徳川三河守《みかわのかみ》、つまり家康の名が挙げられている。

いっぽうの浅井氏は、「京極殿」の下に割書《わりがき》で「同浅井備前（長政）」として書かれている。ほかに記された名前の下にある同様の割書（細字）は、上に書かれた人物に従う立場の者を書いているので、この命令を受けた北近江の領主は、あくまで浅井氏の旧主にあたる京極氏（当主は高吉《たかよし》）であり、長政はその配下にすぎないという認識なのである。

それを考えれば、この時点における織田・浅井の関係は織田・徳川の関係とは異なり、浅井氏が格下の不均衡《ふきんこう》な関係であったと言えるのかもしれない。これが「家来」のような表現に反映されていることになる。

もっとも、こうした不均衡な関係が同盟締結の当初よりそうだったのか、つまり、やはり「長」字は信長からもらい受けたものだったのか、ということについては慎重に考える必要があるだろう。

実際に宮島氏も、信長・長政が主従関係にあったとしても、当初からではなかったとして、上洛後に信長の政治理念の変化・発展があり、それに長政がついてゆけなかったのが裏切りの理由ではなかったか、と指摘している。

「天下静謐《てんかせいひつ》」をめざす信長の政権構想についてゆけず、絶え間ない軍事動員に疲弊《ひへい》し（この点は、信長研究者の桐野作人《きりのさくじん》氏が疑義を呈している）、支配の論理にも相違があった（信長は主従関係にもとづく人との関係、長政は一揆《いっき》の論理）。このための離叛であったという。

いっぽう太田氏は、「このまま信長との同盟を続ければ、その家臣団の一部に包摂《ほうせつ》され、一大名としての独立性を失うと判断した」ためではないかとする。わたしの結論も、この太田氏の指摘に落ち着く。

信長は長政をどう見ていたか

信長は同盟相手の長政に対し、公的な立場（先の上洛命令の宛先の表現）などの点で格下とみなすようになった。

しかも、若狭攻めにつづいての越前攻めにより、これらの地域が信長の支配下になれば、浅井氏の支配領域である北近江がほとんど信長のそれに取り囲まれてしまうことになる。そうした状況への危機感が、長政をして義兄に対する裏切りを決断させたのではないだろうか。

むろん時機として、信長が帰洛に向けて（信長の発言を信じれば）動き出したその心の隙《すき》に乗じた、いわば油断しているところを襲うという確固たる勝算があったのかもしれない。信長としては、妹婿《いもうとむこ》である長政に北近江を「与えている」のだから、それで十分満足しているはずだという、長政に対する過信があり、それが油断につながったのである。

裏切り直後の具体的な動きとしては、南近江における六角氏の動向が注目される。京都の山科言継の耳には、長政裏切りから間もない四月二十九日に、六角氏が近江に攻めこんでおり、これは（近江）北郡の浅井氏と申し合わせての軍事行動であるという噂《うわさ》が届いていた（『言継卿記』）。

長政裏切りを知って六角氏も蜂起《ほうき》したのか、事前に何か示し合わせることがあったのかはわからないものの、信長権力に包摂されかかっていた近江を六角氏と協力して取り戻す、そうした考え方も、あるいは長政の頭のなかにあったのかもしれない。

裏切り後の長政の身の処し方として、信長に敵対していた朝倉氏との連携も視野に入っていただろう。その後、浅井氏・朝倉氏は連携して信長に敵対し、二か月後の元亀《げんき》元年六月には近江姉川《あねがわ》河原において織田・徳川連合軍と衝突した。いわゆる姉川の戦いである。長政らは、この戦いにおいて大敗を喫《きっ》したのちも三年あまり持ちこたえ、天正《てんしょう》元年八月に討たれるのである。

裏切った長政に対する信長の憎悪はすさまじく、長政の十歳になる嫡男（万福丸《まんぷくまる》）は捕らえられ、関ヶ原において処刑された（『信長記』巻六）。久政・長政父子および朝倉義景の首（頭蓋骨）はその後、薄濃《はくだみ》（漆《うるし》や金銀泥《きんぎんでい》などで塗り固められること）にされ、翌年、天正二年の年頭に岐阜城において催された宴において、近《きん》侍《じ》する馬廻衆《うままわりしゅう》らに対し酒の肴として見せしめにされている（『信長記』巻七）。

朝倉・浅井攻めが一段落したあと、信長は九月七日付で毛利輝元・小早川隆景《たかかげ》に出した書状のなかで、「近年は彼ら（久政・長政父子）のしわざで信玄や朝倉義景が敵対し、将軍義昭の造反もこれゆえでしたので、ひとかたならず深い遺恨を持っていました」と書いている（『乃美文書正写』信四〇一号）。

信長が述べるようなはっきりした因果関係があるかどうかは疑問だが、たしかに時間的な順序でいえば、もっとも早く信長を裏切ったのは長政なので（義景はもともと信長に従ってはいなかった）、すべてのはじまりは長政の裏切りにある、と信長が言いたくなるのもわからなくはない。

信長の認識のとおり、長政の裏切りによって、彼の〝裏切られ人生〟は幕が切って落とされたのである。

第二章　武田信玄——気づかなかった裏切り

第2章／略年表

永禄元年(1558)	11月頃	信長、武田氏家臣秋山虎繁に大鷹の調達を依頼する。
永禄３年(1560)	５月	桶狭間の戦い。
永禄８年(1565)頃		信長、妹の子遠山氏を養女とし、諏方勝頼に嫁がせる。
永禄11年(1568)頃		信長嫡男信忠と信玄女松姫の縁組が成立する。
	７月	信長、上洛にあたり信玄との同盟関係を確認し、信玄と上杉謙信の和睦を働きかける。
	９月	信長、足利義昭を擁して上洛する。
	12月	武田信玄・徳川家康、今川氏領国に侵入する。
永禄12年(1569)	１月	信玄、遠江攻めに関する家康からの抗議に返事をする。
	２月頃	信玄と家康、起請文を交わす。
	３月	信玄、謙信との和睦を受諾する。
		信玄、信長を頼みにしているという心境を家臣市川十郎右衛門尉に伝える。
	５月	家康と今川氏真和睦し、氏真遠江掛川城から退く。
		信玄、信長家臣武井夕庵らに家康の行動を非難する書状を出す。
永禄13年(1570)	４月	永禄から元亀に改元される。
元亀元年(1570)	６月	姉川の戦い。信長・家康、浅井・朝倉氏の軍勢を破る。
	10月	家康、信玄と断交し謙信と結ぶ。
元亀２年(1571)	８月	信玄、信長と大坂本願寺との和睦を取り持つ。
	12月	北条氏政、信玄との同盟を復活させる。
元亀３年(1572)	１月	信玄、武井夕庵に対し北条氏との同盟締結を報告し、信長との同盟維持を伝える。
	閏１月	信忠と信玄息女松姫の縁談を実現させようとする動きあり。
	10月	信長、信玄の関東出兵取りやめ受諾に礼を述べる。
		信玄、信長を裏切り遠江に出陣する。
	11月	信長、謙信に対し、信玄を非難し、協力して武田氏攻めを行うことを申し入れる。
	12月	三方原の戦い。武田軍、徳川・織田軍を破る。
元亀４年(1573)	４月	信玄病没する。

武田信玄と信長の同盟

武田信玄と上杉謙信というふたりの戦国大名については、織田信長と対決した好敵手として語られることが一般的である。しかしながら、もともと信玄と信長、謙信と信長は強い同盟関係でむすばれており、それぞれ個別の事情で信長と袂《たもと》を分かつに至った、という経緯がある。本章と次章では、信玄・謙信の両者が信長を裏切るに至った理由について、信長との同盟時代からの経緯を見てゆきながら考えてみたい。

まず、武田信玄である。

信玄、またその跡を継いだ勝頼《かつより》ら武田氏と信長の関係については、いま述べたとおり、双方が激突した長篠《ながしの》の戦いや、最終的に信長が武田氏を滅ぼすこともあり、一貫して敵対しているという印象が強いのではないだろうか（わたしも、かつてはそうだった）。のちに激しく衝突する印象の強さが、それ以前の同盟関係の存在を見えなくしてしまっているようである。

信玄と信長の通交が史料上に見られるようになるのは、永禄《えいろく》年間の初年頃である。信濃下伊那《いな》郡（現在の長野県南部）の支配を任された武田氏重臣・秋山虎繁《とらしげ》に対し、信長が大鷹の調達を依頼した十一月二十三日付の書状が残っている（『新見文書』信補遺三一号）。

武田信玄画像〈東京大学史料編纂所所蔵模写〉

この書状は永禄元年（一五五八）と推定されており、有名な桶狭間《おけはざま》の戦いは同三年のことだから、信長が今川義元《よしもと》の大軍を撃破する以前から、両者に何らかの友好的な関係があったことがわかる。

秋山虎繁は、武田氏において美濃《みの》・三河《みかわ》・尾張《おわり》方面の軍事・外交を担当した人物とされており、対信長の外交窓口であった。

少しあとのことになるが、武田氏の立場から後世に書かれた兵書『甲陽軍鑑《こうようぐんかん》』には、永禄十年から十一年にかけ、信長の嫡子《ちゃくし》・信忠《のぶただ》と信玄の娘・松姫《まつひめ》とのあいだに縁談が成立したとき、武田氏から岐阜の信長のもとに派遣されたのが虎繁であったと書かれている。このとき虎繁は歓待され、長良川《ながらがわ》での鵜飼《うかい》のもてなしを受けたという。

右の信忠・松姫の縁組に先がけ、もうひとつの縁組もなされている。信長の養女と勝頼の縁組である。

美濃の岩村《いわむら》城主・遠山氏に嫁いでいた信長妹と遠山直廉《なおかど》とのあいだに産まれた女子を信長の養女とし、永禄八年頃、勝頼に嫁がせたという（ただし、この頃の勝頼はまだ諏方《すわ》を名乗り、武田家を継ぐ立場にはなかった）。これをもって織田・武田の同盟がむすばれたと指摘されている。

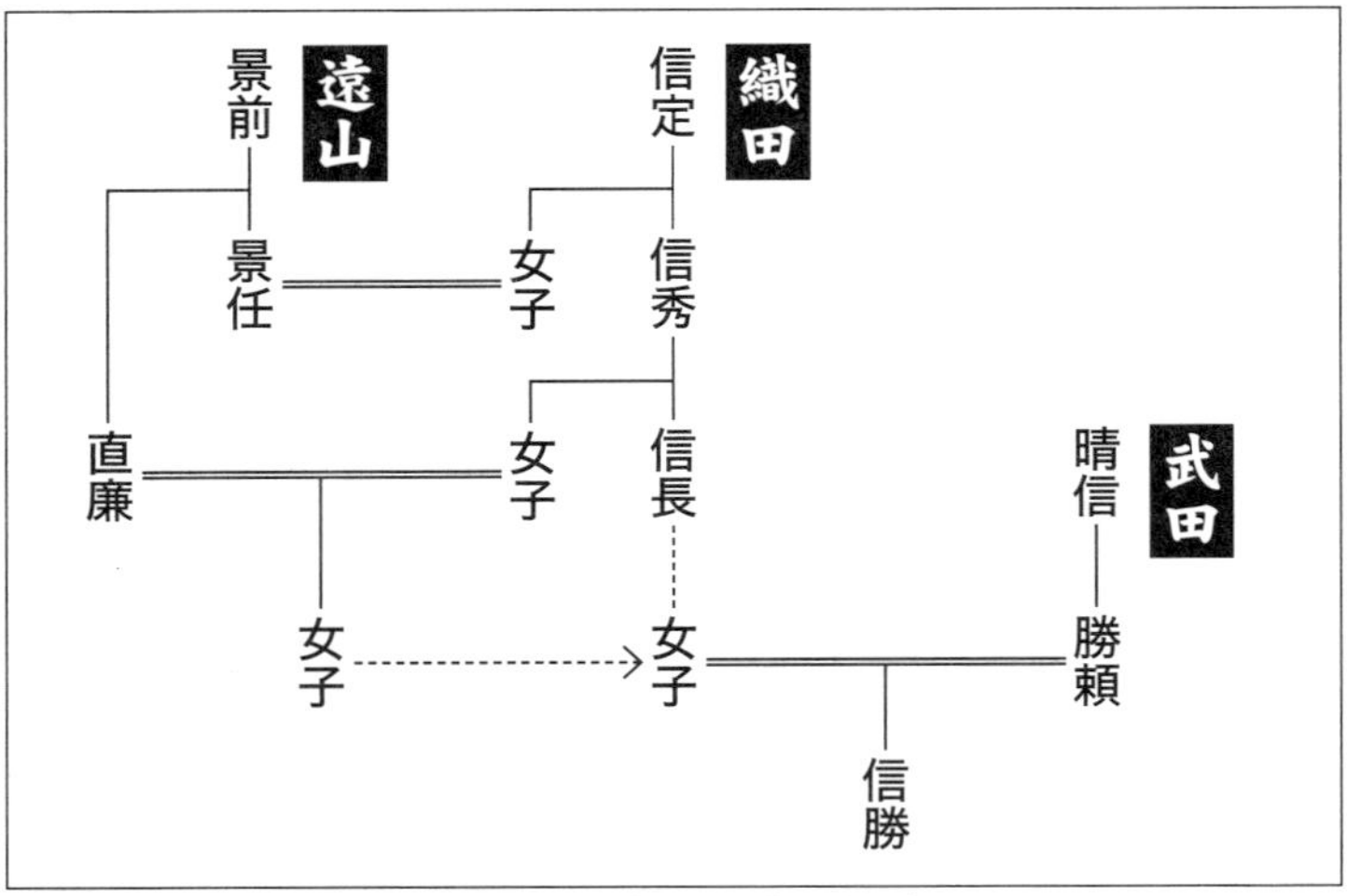

武田・織田・遠山三氏関係系図

彼女は、同十年に勝頼とのあいだに男子を産む（のちの信勝《のぶかつ》）が、元亀《げんき》二年（一五七一）に病没した。

念のためつけくわえておけば、信忠と松姫の縁談は、輿入《こしい》れという最終段階にまでなかなか到達しないまま（つまり婚約という状態のまま）時間が過ぎ、元亀三年の初頭に至ってようやく、それを具体化させようという動きが見られることが指摘されている（『土御《つちみ》門《かど》文書』）。

後述するが、信玄と信長の関係が決裂に至るのは、同年十月である。縁組が実現しなかった理由は明らかにしがたいが、この年の初頭まで、婚姻による同盟関係強化の動きが、両者のあいだにたしかにあったのである。

強化される同盟関係

信玄と信長の関係が強化された様子がわかるのは、永禄十一年に信長が足利義昭《よしあき》を擁して上洛するにあたっての時期である。

義昭を美濃に迎えた直後の七月二十九日に、信長が謙信に宛てた書状のなかで、「甲州とこの方あいだの事、公方様御入洛供奉《ぐぶ》の儀肯《うけが》い申すの条、隣国その妨げを除き、一和《いっか》の儀申し合わせ候。それ以来は駿・遠両国の間、自他契約の子細《しさい》に候」と書いている（『志賀槙太郎氏所蔵文書』信九二号）。信長は、自身が義昭に従い上洛するにあたって信玄と和《わ》睦《ぼく》し、駿河《するが》・遠江《とおとうみ》両国についてお互い何らかの約束を交わしたというのである。

この後段については、少々説明が必要だろう。天文《てんぶん》年間（一五五〇年代）以来、東国では甲・相・駿の三国同盟がむすばれていた。甲相駿とは、甲斐《かい》（武田氏）・相模《さがみ》（北条氏）・駿河（今川氏）のことである。

三大名は互いに濃密な姻戚《いんせき》関係をむすんで、同盟関係にあった。信玄はこの同盟を背景に、関東や信濃をうかがう謙信と衝突をくりかえしたのである。

ところが、この三国同盟にほころびが見えはじめる。きっかけは信玄と、彼の嫡子《ちゃくし》・武田義信《よしのぶ》との対立であった。今川義元の娘を正室に迎え今川氏に近い義信と、義元亡きあと

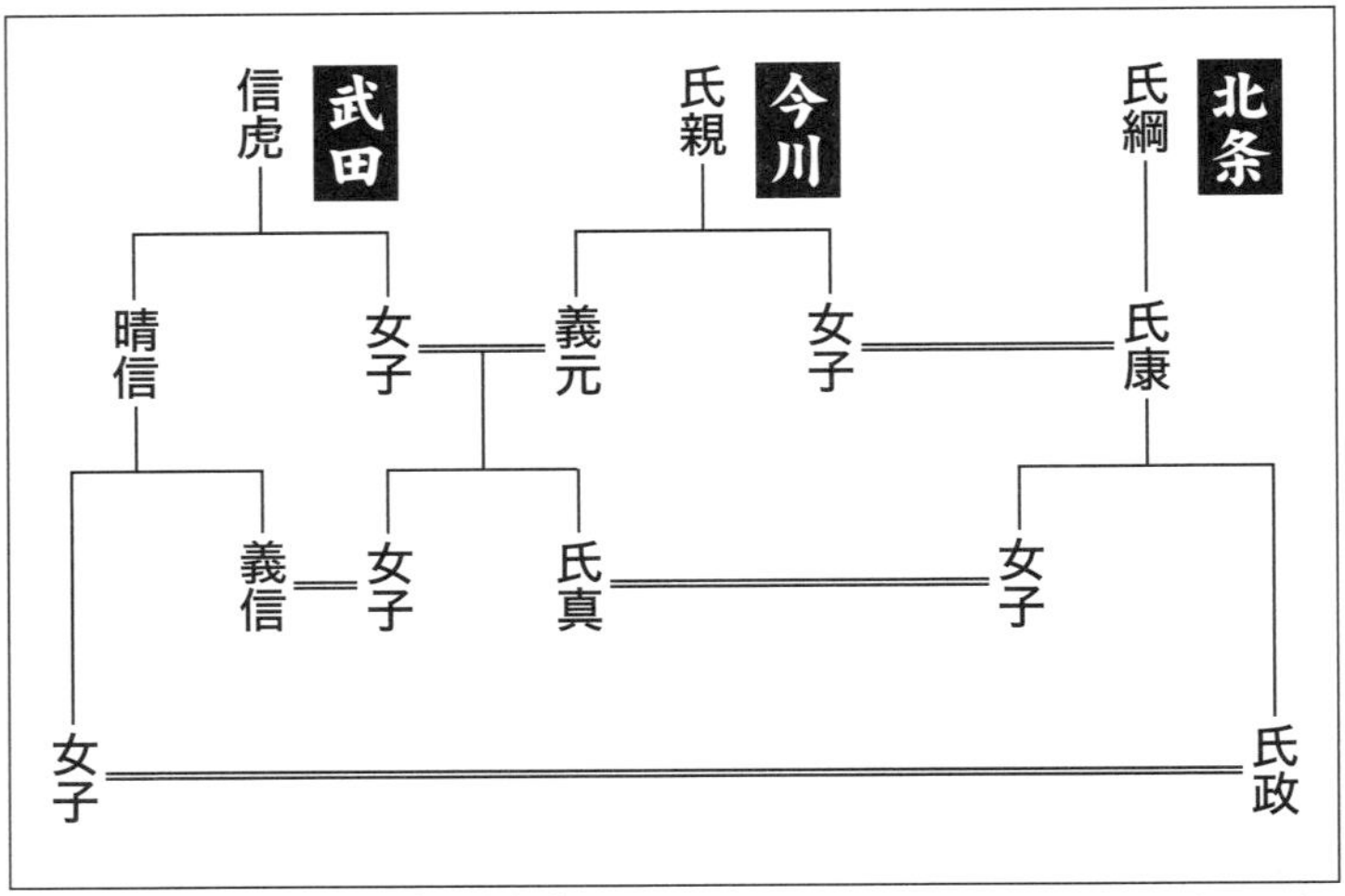

北条・今川・武田三氏関係系図〈『山梨県史』通史編2所収系図に手を加えた〉

氏真《うじざね》が継いだ今川氏領国をうかがおうとする信玄とのあいだに亀裂が生じたのである。この結果、義信が永禄十年に自害を余儀なくされ、義信後室《こうしつ》（未亡人）は実家の今川家に帰される。これによって、今川氏と武田氏との関係が悪化した。

そこで義信後室の兄氏真は、信玄と対抗するため、謙信との同盟を模索する。それを知った信玄が、今川氏との同盟を破棄し、駿河に侵入した。永禄十一年十二月上旬のことであった。

これについて信玄は、同盟相手であった北条氏に「駿河（今川氏）と越《えつ》（上杉氏）が申し合わせ、信玄滅亡を企《たくら》んだために今川氏と手切《てぎ》れ（同盟破棄）したのだ」と申し送ったという（『春日俊雄氏所蔵文書』北一一二七号・『上杉家文書』五二九号）。

信玄の駿河侵攻と軌《き》を一《いつ》にして、三河からも徳川家康が、今川氏領国の遠江に侵入した。十二月二十三日付で信玄から家康に対し、「手合わせ（軍事協力）のため急速にご出張」してくれたことを感謝する書状が出されている（『恵林寺所蔵文書』武一三四三号）。このとき信玄と家康のあいだには、大井川を境にして遠江を東西に折半するという約束があったとされる。

これは、十七世紀後半に成立した編纂物《へんさんぶつ》『家忠日記《いえただ》増補』によるようであり、真相は不明である。もっとも、先の謙信宛の信長書状に見える「駿・遠両国の間、自他契約の子細」がこのことと関係するのかもしれず、いずれにしても家康の背後で当然、信長も関知していたと考えられよう。

信玄と徳川家康の関係

今川氏領国に対する武田氏・徳川氏の両面作戦は、ひとまず達成された。しかし、すでにこのなかに、のちの対立につながる原因が兆《きざ》していることは見逃せない。先にも登場した秋山虎繁ら武田方の信濃下伊那衆が突出した行動に出たことにより、「武田氏が遠江を奪おうとしているのではないか」と家康が疑いを抱き、信玄に抗議しているのである。

信玄が家康に対し弁明の返事を出したのは、翌永禄十二年正月八日である（『松雲公採集遺編類纂』武一三五〇号）。信玄は家康の抗議を受け、彼を刺激しないよう、きわめて慎重に対処している。

翌日の九日には、「三河衆（徳川氏）が、出勢に対しどのように考えているのかと当方に疑心を持っているようなので、遠慮して（私は）駿府に滞在したままです」と、わざわざ信長に対しても弁明している（『古典籍展観大入札会目録文書』武一三五一号）。信玄は家康との関係悪化を避けるべく、信長を頼りにしているのである。

信玄と家康との関係がぎくしゃくしたことで、より大きな危機意識をおぼえたのは信玄だったようだ。家康とのあいだで（おそらく友好関係を確認するための）起請文《きしょうもん》を交わしているのだが、これを望んだのは信玄のほうなのである（『武徳編年集成』武一三六七号・『田島家文書』武一三六八号、起請文自体は確認されていない）。

というのも、三国同盟を一方的に破って今川氏領国に侵入した信玄に対し、北条氏が今川氏を援護するため兵を駿河の薩埵山《さったやま》に出してきたからである。

背後に北条氏の脅威を抱えた信玄は、家康と起請文を交わすいっぽうで、長年の敵であった謙信との和睦にも動いた。

先に触れた（永禄十一年）七月二十九日付の謙信宛書状のなかで、信長はすでに信玄・謙信の講和を働きかけているが、上洛後に将軍に補任《ぶにん》された義昭からも、和睦をうながす御内書《ごないしょ》（将軍が出す書状）が信玄・謙信双方に発給され、信玄はこれを受諾している。信長に対し和睦を受諾する返答をしたのは、永禄十二年三月十日のことである（『妙興寺文書』武一三七六号）。

すこし先回りすることになるが、三年後の元亀《げんき》三年十月に、信玄が信長・家康を裏切って遠江に侵入したさい、信玄は「三ヶ年の鬱憤《うつぷん》を散じたい」と述べている（『武市通弘氏所蔵文書』武一九七六号）。すでにこの時点で、信玄は三年にもわたり「鬱憤」を抱えていたというのである。

「三ヶ年」の起点については、そのまま引き算をして信玄と家康が駿河・遠江に侵入した永禄十二年とする説のほか、翌年の永禄十三年（元亀元年）とする説もある。

後者の説は、家康が信玄と断交し、謙信との同盟を成立させた時点が元亀元年十月であるため、その年を一年目として三年、すなわち足かけ三年と見るものであり、きっかけとしては決定的に思える。

しかしわたしは永禄十二年として、その「鬱憤」の原因とは、北条氏から攻められたうえに、家康との両面作戦にほころびが生じて先方に疑念を抱かせたあげく、自ら乞《こ》うて起請文を交わすことを余儀なくされ、敵であった謙信とも和睦せざるをえなくなった屈辱《くつじょく》が、それなのではないかと考えている。

信長を頼みにした信玄

さて信長は、先に述べたとおり義昭とともに信玄・謙信の和睦推進に一貫して取り組んでいる。そのような信長に、信玄は強い信頼を寄せていた。岐阜への使者を務めるなど織田氏との外交担当のひとりであった家臣の市川十郎右衛門尉《じゅうろうえもんのじょう》に宛て、(永禄十二年)三月二十三日付で出した書状(『武家事紀』武一三七九号)が興味深い。

このなかで信玄は、「信玄の事は、只今《ただいま》信長を憑《たの》むのほか、又味方なく候」と述べ、いま信長に疎略《そりゃく》にされたら自身の滅亡は疑いないので、そのつもりで慎重に対処するように、と命じている。外交を担《にな》う家臣宛であるので、お世辞を並べる必要はない。心の底からそう思っていたのだろう。

いっぽうで、信玄は家康に対してはじゅうぶんに信を置いていない様子である。これは先の起請文取り交わしにもうかがえるが、この市川宛の書状からもわかる。「いま家康は、もっぱら信長の意向を受けている人物である。今川氏没落後、遠江はほぼ家康が手中にしており、それに異論はないのだけれど、今川氏真と家康に和睦の動きがあるようで不審だ。この点、信長の考えを知りたい」と書いている。

それから翌四月にかけ、信玄は家康に対して、北条氏とのいくさの様子や、謙信との和睦が信長の媒介で落着したことを知らせたり（『山県徹氏所蔵文書』武一三八九号）、家康が信長に伴って上洛したことを慰労《いろう》したりするなど（『白崎良弥氏所蔵文書』武一三九八号）、表面上は友好的関係を維持しているように見える。しかし、家康に対する疑念はどうにも払拭《ふっしょく》されなかった。

五月二十三日付で信玄は、信長の右筆・側近である武井夕庵《せきあん》と津田国千世《くにちよ》に宛て、家康の行動を非難する書状を出した（『神田孝平氏旧蔵文書』武一四一〇号）。

それによれば、北条氏と徳川氏が会し、和睦と称して掛川《かけがわ》城に籠城《ろうじょう》していた氏真以下今川氏の兵たちを無事、駿河方面に撤兵させたことについて、「存外の次第」と怒り、「氏真や氏康父子と和睦をしないということは、家康の起請文にはっきり書いてある。これについて信長はどうお考えなのか」と問いただしている。そのうえで、せめて家康が氏真や北条氏康《うじやす》に敵対するよう、信長から家康に急ぎうながしてほしいと強く要請している。

実際、家康と氏真の和睦の議は進んでいた。『松平記』によれば、三月八日に講和の使者が家康から掛川の氏真に派遣され、その結果、氏真は掛川城を開城して、五月十七日には駿河の蒲原《かんばら》まで退《しりぞ》いたのである（『色色証文』北一二二二号）。

信玄と信長とのあいだには同盟がむすばれ、信長は信玄のため、謙信との和睦に奔走《ほんそう》していた。ところが、これまた信長と同盟をむすび、今川氏領国を攻撃するさいも協調したはずの家康と信玄の関係がうまくゆかなかった。とりわけ信玄が、家康に強い不信感を抱いた。この信長・家康・信玄のねじれた関係が一因となり、結局、信玄の裏切りをまねくことになるのである。

家康と上杉謙信の同盟

永禄十二年五月頃に関係がこじれかけてから約三年後の裏切りまで、まだ時間がある。この間の動きを見てゆくことにしよう。

同年の信玄・謙信の和睦以来、信玄はすこぶる自重《じちょう》していた。当時、北条氏が支配していた上野沼田《こうずけぬまた》へ謙信が出兵した。これは、三国同盟が破綻したのち、北条氏と上杉氏とのあいだにむすばれた同盟（越相同盟《えつそう》）を背景にした、武田氏への牽制《けんせい》である。

上杉軍が自領へも侵入してくることを懸念した家臣たちが、信玄に諸城の警固《けいご》をきびしくするよう意見したことに対し、信玄は、義昭の下知《げち》により信長が和睦を仲介してくれたのでと、上杉軍を刺激するような行動は控えた（『武家事紀』武一四八一号・『信玄公宝物館所蔵文書』武一四八六号）。これは、同年十二月のことである。

翌元亀元年（永禄十三年）になると、第一章で述べた浅井長政の裏切りから、姉川《あねがわ》の戦い（六月二十八日）での信長の勝利に至る過程において、信玄は、信長に長政謀叛を心配するとともに巣鷂《すはいたか》を贈ったり（『牧田茂兵衛氏所蔵文書』武一五四七号）、姉川の戦いの戦勝を祝する書状を出したりしている（『徳川美術館所蔵文書』武一五五〇号）。

また、その翌年の元亀二年には、今度は信玄のほうが大坂本願寺と信長との和睦を取り持っている（『本願寺文書』武一七三三号）。信玄と信長の同盟関係は、ここまで変わっていない。

ところが、そのいっぽうで信玄と謙信・家康との関係が決定的に悪化していた。信玄の両者に対する悪感情が拭《ぬぐ》い切れていないのである。

たとえば、永禄十三（元亀元）年四月十日に将軍義昭の近臣・一色藤長《いっしきふじなが》に出した信玄の条書（箇条書の文書）中に、北条氏と上杉氏双方から将軍の御前で、自分のことを悪く言ってくる者がいることに苦言を呈している（『玉英堂古書目録所収文書』武一五三五号）。和睦したとはいえ、謙信には決して心を許してはいない。

信玄と家康との関係は、それ以上に険悪である。家康が信玄と断交し、謙信とむすぶのである。それは元亀元年の十月のこと。

家康と謙信の間柄は、もともと悪くはなかった。永禄十一年に家康が今川氏の領国に侵入して遠江を手に入れたことに対し、上杉氏側はさっそく祝意を示したようだし（『上杉家文書』一一〇一号）、元亀元年五月には、家康重臣の酒井忠次《ただつぐ》に宛て謙信が初めて書状を出し、今後の昵懇《じっこん》な関係構築を申し入れている（『本光寺所蔵文書』上九三一号）。

その結果、十月八日の日付で家康から謙信に宛て起請文《きしょうもん》が作成された（『上杉家文書』一〇八〇号）。そこでは次の二箇条が誓われている。

（一）信玄との断交については家康の深慮によるものなので、少しも嘘偽《うそいつわ》りないこと。

（二）信長と謙信との関係がうまくゆくように家康から意見すること。武田氏と織田氏の縁談についても、破談になるよう家康が諫《いさ》めること。

家康が信玄と手を切って謙信とむすぶことはまだしも、同盟関係にもとづき進められて

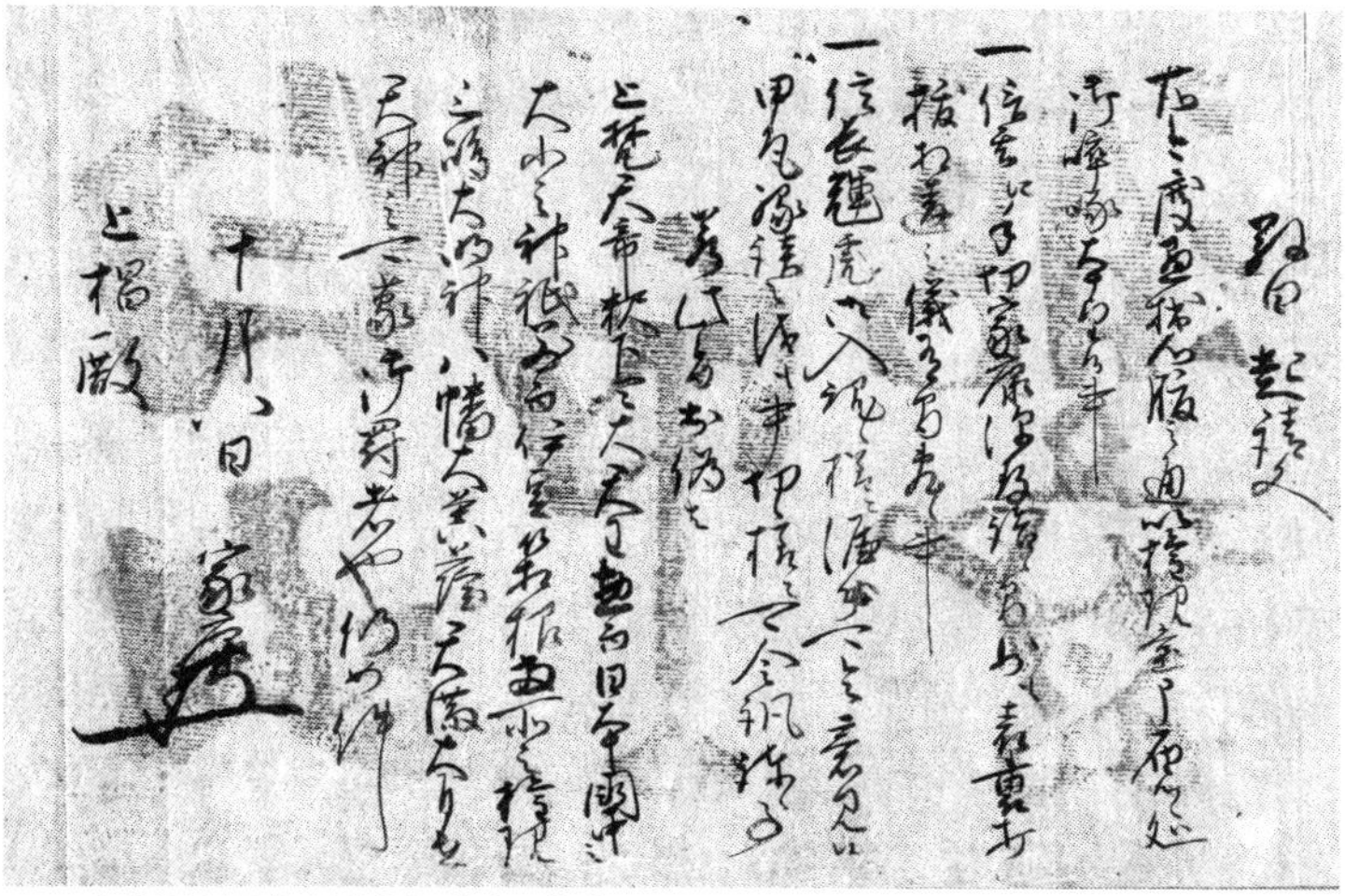

上杉謙信宛徳川家康起請文〈『上杉家文書』上杉博物館（米沢市）所蔵〉

いた武田氏と織田氏の縁談を、第三者の家康が積極的に壊すよう画策《かくさく》するという点、家康（そして謙信）と信玄の対立は、修復不可能なほど悪化していることがわかろうというものだ。

北条氏康が元亀二年十月に没したあと、跡を継いだ氏政《うじまさ》は、謙信と手を切り、ふたたび信玄とむすぶ道をえらんだ。同年十二月、甲《こう》相《そう》同盟の復活である。これによって東の脅威（北条氏）が取り除かれた信玄だが、ただちに目を西、つまり家康・信長に向けたわけではない。とくに信長に対しては、依然として好意的である。

北条氏との同盟を復活させたことについても、信玄は信長に報告している。これによって家康からあれこれ自分の悪口を言ってくることがあっても、耳を貸さないでほしい（「佞者《ねいじゃ》の讒言《ざんげん》油断信用なく候様」）というのである。

「佞者」（悪賢く媚《こ》びへつらう者）とは、家康を暗に指していると思われる。「たとえ扶桑《ふそうの》国《くに》（日本）の過半が手に入ったとしても、何の宿意《しゅくい》があって信長に敵対などしようか」と、相変わらずの同盟維持を信玄は夕庵に対して伝えた（『武家事紀』武一七七五号）。

しかし、この明らかにねじれた関係が破綻《はたん》をまねかないはずはないのである。

信玄よもやの裏切り

家康と信玄、それぞれと強い同盟関係をむすんでいる信長は、険悪化しつつある相手同士の関係について、どのように考えていたのだろうか。

右に触れた夕庵宛ての信玄の書状にあるように、信玄と家康の関係が悪くなっていることは耳に入っていただろう。家康からも情報が入っていたと思われる。

けれども、信長が両者の仲裁に乗りだすという気配は見えず、また、どちらかの肩をもつといった態度をとるわけでもない。前述のように元亀三年閏《うるう》正月時点で、なお信忠と信玄の息女・松姫との縁談を実現しようとする動きがあるほどなのだ。このあたりの信長の態度の曖昧《あいまい》さについて、たんに史料が残っていないだけなのかもしれないが、不思議でならない。

信長は終始一貫して、信玄と謙信の和睦実現に力を入れていた。元亀三年と推測される十月五日付で、信長は信玄に書状を出している（『酒井利孝氏所蔵文書』信補遺一三〇号）。このなかで信長は、謙信との和睦交渉を進めているさなか、信玄が出馬しようとしていることは遠慮してほしいと申し入れ、信玄がこれを受諾したことに礼を述べている。これは八月頃、信玄が北条氏と連携して兵を上野《こうずけ》に出したことを指していると思われる（『歴代古案』『上杉年譜』）。

謙信も翌六日の時点で、「越《えつ》・甲一和《こういっか》」、つまり信玄との和睦が義昭と信長の仲介で進んでおり、いずれ決着するだろうと述べている（『上杉家文書』一一九八—一一九二号）。

ところが、すでにこの時点で信玄は、家康に向けて進撃を開始していたのである。

それがわかるのは、信玄が越前の大名・朝倉義景《よしかげ》に宛てた書状（十月三日付）である（『思文閣古文書目録所収文書』武一九六七号）。それによれば、武田軍は九月二十七日・十月一日に出立し、信玄自身も同三日に出馬したとある。「畢竟《ひっきょう》この時に候条、当敵討ち留めるべきご調略肝要《ちょうりゃくかんよう》に候」と、協力して「当敵」を攻撃することを要請している。

信玄がこのとき直接攻めこんだのは家康の領国・遠江であるが、家康を敵とした以上、彼と同盟をむすぶ信長も「当敵」となることは当然である。

実際、出馬後の信玄に味方した美濃の遠藤加賀守《かがのかみ》に宛て、「春には美濃に出馬するので、岐阜に向かい敵対の色を顕《あら》わしてほしい」と述べている（『鷲見栄造氏所蔵文書』武一九八七号）。信玄はここで一転して、信長・家康といくさを交える覚悟を決めたことになる。

信玄が遠江に侵入した目的については、これまでもさまざまな説が提起されている。かつては上洛しての「天下獲り」だと言われたりもしたが、近年唱えられているのは、標的は岐阜の信長であり、そちらを攻めるために南側の安全確保を目的として、遠江・三河に攻め入った（家康の領国を奪おうという意図があったわけではない）という考え方と、家康との関係悪化を打開し、家康との関係を保持しつづける信長への批判を背景にした遠江・三河侵攻こそが目的であったという考え方である。

端的《たんてき》に言えば、攻撃目標が信長なのか、家康なのか、ということである。

出馬は、本願寺や朝倉義景ら「反信長」勢力からの要請によると信玄自身が述べていることから、真の敵は信長であるという指摘がある。

ただ先に述べたように、とにかく信玄には〝家康憎し〟の気持ち（「三ヶ年の鬱憤」）があった。信長を敵としたのは、家康と信長が同盟関係にある以上やむをえないという考えで、義昭が主導して本願寺や朝倉氏が協力する〝反信長包囲網〟にくわわったのではあるまいか。

激怒する信長

電話やテレビ・ラジオはおろか、いまやインターネットなどを通じたさまざまな手段によって、情報が瞬時にして伝達・拡散し、多くの人びとが情報の同時性を共有する時代である。そうではない約四百五十年前における情報伝達の時間差に思いを馳《は》せると、そこにある種の歴史の面白さを感じる。

もちろん後世の人間が感じる面白さなど、当事者の信長にとってみれば、たまったものではなかろう。信玄と謙信の和睦に力を注いで十月五日にその旨を信玄に伝え、そこに自身の現況（浅井氏攻めの状況）を書き添えるといった、丁寧《ていねい》な書状を認《したた》めた信長にとって、すでにその二日前に、信玄が家康やわが身を攻撃するため出馬していたことなど、想像だにしなかったことであり、面目丸つぶれの仕打ちだったに違いない。

信玄と信長が交わした書状を見ると、互いの宛名の上に「謹上《きんじょう》」という上所《じょうしょ》を書き添え

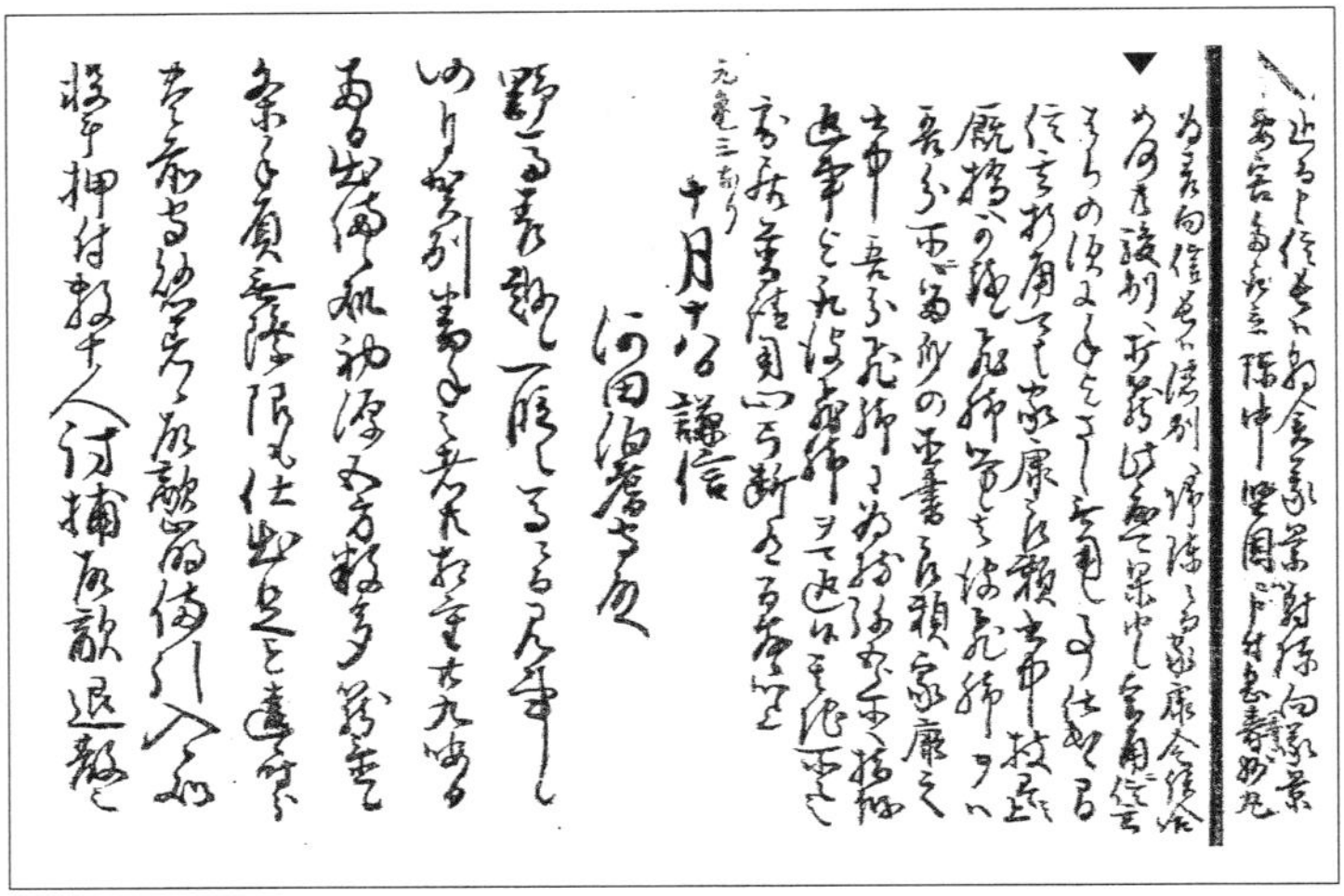

河田重親宛上杉謙信書状〈『歴代古案』東京大学史料編纂所所蔵謄写本〉

た、一段と相手を敬《うやま》った書式のものであった。五日付の信長書状の宛名も「謹上　法性院《ほっしょういん》」（法性院は信玄の院号）と丁重な書き方で、相手に対するそうした敬意・信頼が、過去の裏切りによって台無しにされたことを知った信長の思いは、いかばかりであったか。

信玄の裏切りを知った信長の心情は、十一月二十日付で謙信に出された書状のなかで吐《と》露《ろ》されている（『歴代古案』上一一三一号）。そこでは、こんなふうに書かれている。

「謙信と信玄の和睦について、将軍の仲裁により、去る秋から使者を派遣して（動いて）いたところ、信玄のやり口は前代未聞の無道である。彼は侍の義理も知らず、都鄙《とひ》の物笑いとなることすら顧《かえり》みないことをしでかした」。「信玄がそうした態度をとった以上、こちらも永久に彼と義絶《ぎぜつ》することはもちろんである」。「信長と信玄とのあいだには、あなた（謙信）がお考えになっている以上に遺恨《いこん》が消えずに残りつづけるだろう。こうなった以上、未来永劫《えいごう》ふたたび彼と通交《つうこう》することはない」。

激烈《げきれつ》というほかない、信玄に対する怒りである。

信長はこの書状を謙信に出すことによって、協力して信玄と対決してゆくことを求めた。いっぽうの謙信は、これより先の十月十八日付で家臣の河田重親《しげちか》宛てに出した書状のなかで、信玄の家康・信長攻撃に対する感想を漏《も》らしている（『歴代古案』上一一三〇号）。

信長・家康に対し信玄が敵対したことは「信玄運の極み」であり、信玄は重大な判断の過ちをおかした。逆にこれは「当家の弓矢わかやぐべき随《ずい》（瑞）相《そう》」である、「兎角《とかく》に信玄蜂《はち》の巣に手をさし、無用の事仕出し候」（右頁図版▼の行）として、信玄と一戦を交えることへの勝機を感じ取っている。

信玄の信長・家康への敵対が「蜂の巣に手をさし入れたようなもの」とたとえる謙信もなかなかの感性の持ち主だが、第三章で謙信と信長の関係を考えてゆくうえで、この時点での謙信の信長に対する見方を語っており興味深い。

信玄死後も収まらない怒り

このあとはご承知のとおり、十二月に遠江の三方原《みかたがはら》において武田軍と徳川・織田連合軍が衝突して、家康は散々の敗北を喫した。信玄は、そこからさらに進軍して三河に侵入し、翌天正《てんしょう》元年（元亀四年）、同国野田《のだ》城を攻めている最中に体調を悪化させ、武田軍は兵を引くのである。信玄はその帰途没した。

信玄は出馬を告げる書状を朝倉義景に出しているように、敵対にあたって朝倉氏との共同作戦を模索《もさく》していた。その後も十一月十九日・十二月二十八日と、義景に宛て書状を出している（『徳川黎明会所蔵文書』武一九八九号・『伊能家文書』武二〇〇七号）。しかし、肝心の義景は信長攻撃に消極的であり、信玄が期待するような行動を示さなかった。

十二月二十八日付の書状では、朝倉軍が兵を返してしまったことを驚くとともに、「兵をいたわることも必要でしょうが、いまこそ信長滅亡の好機なのですから、考え直してください」と、必死に訴えかけている。

しかし、その訴えもむなしく、ほどなくして信玄は病魔におかされ陣没《じんぼつ》し、義景は信長攻撃の機会を逸《いっ》したまま、逆に攻めこまれ、天正元年八月に討《う》たれてしまうのである。

第一章でも見たように、自分を裏切った者に対する信長の憎悪ははなはだしく、以降、

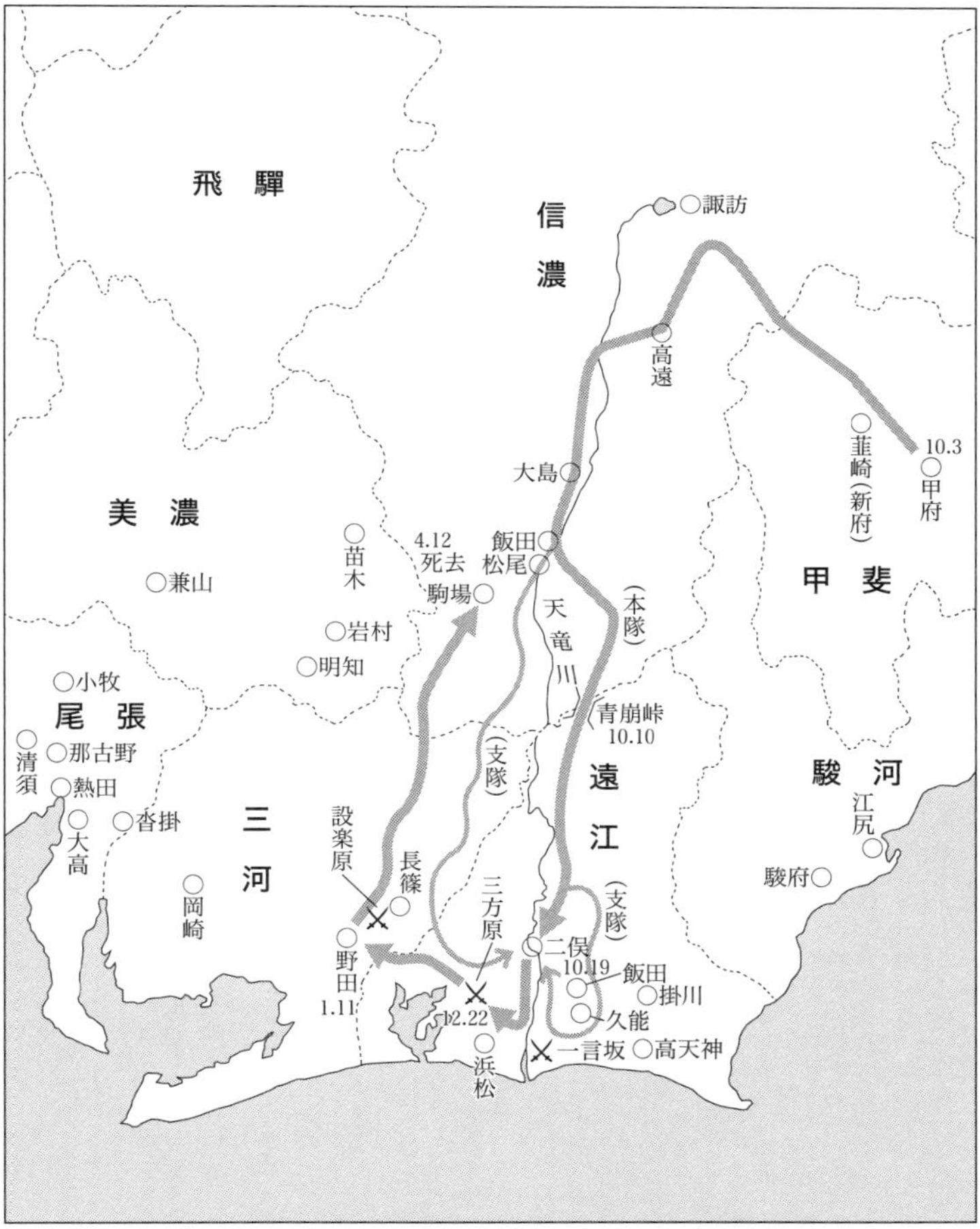

元亀３～４年の武田信玄遠江·三河攻め関係地図

〈谷口克広『戦争の日本史13 信長の天下布武への道』吉川弘文館·114～115頁所載地図に手を加えた。矢印は信玄の進軍経路。数字は発着の日付〉

信長は一貫して武田氏を敵とみなした。「未来永劫、通交しない」という発言に偽《いつわ》りはなかったのである。

信玄没後に跡を継いだ勝頼《かつより》に対しても、この憎悪は変わらない。裏切られてから約二年半後の天正三年五月二十一日にあった長篠《ながしの》の戦いにおいて、武田軍相手に大勝利した信長は、家臣の長岡藤孝《ふじたか》（細川幽斎《ゆうさい》）にその戦果を知らせている。

このなかで、自身が京都（義昭のことか）や越前・近江（朝倉氏・浅井氏）への対処で取り紛《まぎ》れているとき、「信玄入道表裏《にゅうどうひょうり》を構え、旧恩を忘れ、恣《ほしいまま》の働き」をおこなったので、いつなんどきでも武田氏といくさをすることがあったら必ず勝つつもりでいたところ、そのとおりの結果になった、と書いている（『細川家文書』信五一二号）。

このとき謙信に対しても似たようなことを報じているのだが、ここでは、いつなんどきでもいくさになったら討ち果たすつもりでいたところ、信玄が亡くなってしまったのは残念であった、としている（『上杉家編年文書』信五一八号）。信玄に対する憎しみは深い。

だから、跡を継いだ勝頼を長篠の戦いで討ち漏らしたのは、信長にとって悔やむべきことであった。同年の十一月に武田氏に奪われていた美濃の岩村城を嫡男・信忠の軍勢が取り囲み、落城一歩手前の状況となっていたとき、勝頼が岩村城を救うため出陣したという一報を京都で耳にした信長は、いそぎ岐阜に戻り、勝頼と一戦を交えるべく準備をしたのである（『信長記』巻八）。よほど自らの手で勝頼を討ち取りたかったのだろう。

このときは、信長が駆けつける以前に信忠の奮闘で岩村城は降参してしまい、またしても信長の遺恨《いこん》は晴らされなかった。結局、この武田氏に対する怨念《おんねん》は、天正十年に同氏を滅ぼすまで消えなかった。信長は武田氏を「東夷《とうい》」と呼び（『細川家文書』信一〇一三号）、天下静謐《せいひつ》をかき乱す勢力であるとみなしていたのである。

なぜ信玄は信長を裏切ったのか

さて、それではなぜ信長は、信玄に裏切られたのだろうか。

すでにこれまでの研究でも指摘されているように、強く敵視していた家康の行動（謙信との同盟関係）を抑えられない信長に対する不信感が信玄に募《つの》っていたことや、義昭・本願寺・朝倉氏らの〝反信長包囲網〟の動きが活発化していた時機に乗じた、ということがあったのだろう。

いまひとつ指摘されている信玄裏切りの重要なきっかけとして、武田氏の信濃と織田氏の美濃の境界領域にいる東美濃の国衆・遠山氏の存在がある。

戦国史研究者の丸島和洋氏によれば、武田氏に従属して生き残りの道を模索しながら美濃の斎藤氏と敵対し、前述のように婚姻関係により信長とむすんでいた美濃岩村の遠山氏だったが、元亀二年から同三年にかけ、当主の死没により後継者不在になったとき、信長は遠山領に軍勢を派遣し、後継者として子息を入部《にゅうぶ》させた。これを信玄が国境侵犯行為とみなした可能性があるというのである。

裏切られた信長の側から、その理由を考えてみよう。

信長は家康とも、信玄とも、謙信とも同盟関係をむすんでいた。そのうえで長年敵対していた信玄と謙信をも和睦させようと動いた。信長は将軍義昭のもと、主として畿内を中心とする政治空間である「天下」を混乱なく統治すること（天下静謐）を目標に掲げていた。その目標を実現・維持してゆくために、周囲の戦国大名同士の対立も収《おさ》める必要があった。ところが、自分と同盟している同志である家康と信玄が、決定的な対立に向かってゆくことを信長は阻止できなかった。阻止しようとしたかどうかもわからない。

そうであるにもかかわらず、なおそれぞれとの同盟関係の維持に努力しようとしていることは、傍目《はため》で見て明らかに無理がある。現実を無視する理想主義的なところが、信長にはあったのかもしれない。それが、結果的に信玄の裏切りに気づけなかった過ちにもつながった。

遠山氏のばあいでも、遠山領への軍勢派遣・子息入部について、信長自身は深刻にとらえていなかったのではないかと指摘されている。このことが武田氏との同盟関係を揺るがす行為であるという自覚が、信長にはなかったようなのである。

こういう表現が妥当かどうかわからないのだが、相手を信頼したうえで、天下静謐のためなら現実をも度外視して和睦・同盟を進めたり、同盟相手の独自の行動を抑えきれなかったりする外交の手ぬるさが、信長にはあったのではないだろうか。

遠山氏の問題も、明らかに外交の過ちである。戦国大名間の外交にとって、国境紛争が最重要問題であることについての認識が甘い。こうしたことが仇《あだ》となって、痛いしっぺ返しをくらうことになる。

相手を信頼するのだが、相手がどのように考えているかはあまり気にせず（あるいは気づかず）、自分の目標に向かって一本気に突き進む。人間信長のいいところでもあり、これが落とし穴ともなってしまった。信玄との関係の推移を見ることで、信長の長所と短所が浮き彫りになったようである。

第三章

上杉謙信

——支援約束の果て

第3章／略年表

永禄２年(1559)	２月	信長、上洛する。
	４月	長尾景虎(のちの上杉謙信)、上洛する。
永禄３年(1560)	５月	桶狭間の戦い。
永禄４年(1561)	閏３月	長尾景虎、上杉氏を継ぎ、上杉政虎と名乗る。
永禄７年(1564)	６月	信長、謙信から送られた書状に返事を出す。
	11月	信長の子息が謙信の養子に入る約束がなされる。
永禄11年(1568)	６月	信長、謙信に信玄との和睦を働きかける。
	７月	信長、上洛にあたり信玄との同盟関係を確認し、謙信にこれを報告する。
	９月	信長、足利義昭を擁して上洛する。
元亀元年(1570)	10月	家康、信玄と断交し謙信と結ぶ。
元亀２年(1571)	７月	信長、謙信と信玄の和睦を働きかける。
元亀３年(1572)	10月	信玄、信長を裏切り遠江に出陣する。
	11月	信長、謙信に対し、信玄を非難し、協力して武田氏攻めを行うことを申し入れる。
	12月	三方原の戦い。武田軍、徳川・織田軍を破る。
元亀４年(1573)	３月	信長、謙信に条書を送り、武田氏攻めについて相談する。
	４月	謙信、信長の要請により越中から居城春日山城に帰陣する。
		信玄病没する。
	７月	足利義昭、信長に対し挙兵するも失敗、京都から追放される。
		元亀から天正に改元される。
天正元年(1573)	８月	信長、朝倉氏・浅井氏を滅ぼす。
天正２年(1574)	２月	信長、武田氏の東美濃攻めに対し出陣する。
		謙信、武田氏攻めのため上野に出陣し、信長・家康の協力を申し入れる。
	３月	家康、謙信家臣村上国清に駿河出兵を約束する。
		信長、上洛し、この間奈良に赴き東大寺正倉院の蘭奢待を切り取る。(この頃、信長、謙信に洛中洛外図屏風を贈る)
	５月	武田氏、徳川氏の遠江高天神城攻撃を開始し、これを落とす。
	６月	信長、謙信からの書状に答え、秋の出陣を約束する。
	７月	信長、長島一向一揆攻めを開始する。
	９月	信長、長島一向一揆を討ち、岐阜に帰陣する。
天正３年(1575)	５月	長篠の戦い。織田・徳川軍、武田軍を破る。
		信長、謙信に長篠の戦いの戦果を報告する。
	６月	信長、謙信に協力しての武田氏攻めを要請する。
	７月	信長、謙信の越中出陣を訝る書状を出す。
		信長、越前一向一揆を攻め、8月に滅ぼす。
天正４年(1576)	秋頃	謙信、信長を裏切る?

上杉謙信と信長の同盟

第二章で述べたように、上杉謙信（長尾景虎《かげとら》、政虎《まさとら》・輝虎《てるとら》、天正《てんしょう》二年出家して謙信と名乗る。以下では謙信の呼称で統一する）もまた、もともと織田信長と同盟関係をむすんでいたにもかかわらず、のちにきびしく敵対するに至った戦国大名である。

謙信のばあい、どんな理由で信長を裏切ることになったのだろうか。ここでも、同盟関係にあった頃のふたりの関係から、まず見てゆくことにしよう。

上杉家に伝来した文書『上杉家文書』（上杉博物館所蔵）を中心に、信長から謙信側に送られてきた書状は比較的多く伝存《でんそん》している。そのなかで最も早いのは、永禄《えいろく》七年（一五六四）と推定される六月九日付の書状（『維宝堂古文書』上四一〇号）である。

ここで信長は、謙信から送られてきた書状の返事を書いている。つまり、すでにこれ以前から二人の通交はあったわけである。

永禄七年といえば、いまだ室町将軍は健在であり（当時は十三代・足利義輝《よしてる》）、同三年に信長が桶狭間《おけはざま》の戦いで今川義元の軍勢を撃破してから四年後にあたる。謙信は越後の領主として、隣接する武田氏としばしば干戈《かんか》を交えていた。

同二年に謙信と信長は相次いで上洛し、義輝に拝謁《はいえつ》している。越後と尾張の戦国大名であったふたりは、互いに書状を送り交わし、周囲の大名とのあいだで生じた軍事行動などを報告し合う仲であった。

六月九日付の信長書状の宛名は、謙信の重臣・直江景綱《なおえかげつな》（のち政綱《まさつな》）である。書状の最後のほうに「この旨を（謙信に）ご披露《ひろう》よろしくお願いします」とあるので、謙信本人にではなく、家臣に宛ててその主君への披露を乞う披露状の形式をとっている（実際は謙信本人も披見《ひけん》したのだろうが）。相手の家臣宛にもかかわらず、「恐々敬白《きょうきょうけいはく》」とむすんだ。「敬白」は通常、僧侶相手の書状に使う書止《かきとめ》のことばだが、同時代の信長書状では、上洛以前の足利義昭の家臣に宛てた披露状〈永禄八年〉十二月五日付信長書状・信六〇号）にも使われていることを参考にすれば、信長は謙信に対しかなり下手に出て、丁寧《ていねい》に接していることがわかる。

それもそのはずで、謙信は上洛した翌々年の永禄四年に、当時の関東管領《かんれい》だった上杉憲《のり》政《まさ》から上杉氏の名跡《みょうせき》と関東管領職を譲られ、この時代の由緒ある家柄に連なった。信長の家は、尾張守護家の守護代の一族にすぎない。室町将軍から見れば地方の戦国大名同士かもしれないが、格の違いは歴然たるものがあった。

谷口克広氏は、信長が関東管領を継いだ謙信の自尊心を尊重して、「形式上、敬意を示しているかのような態度」で接していることを、「巧みな外交術」と表現している。

もっとも、ふたりの距離はほどなく縮まったようだ。永禄七年に推定されている九月九日付の書状（『歴代古案』上四三五号）では、信長は斎藤氏の居城・美濃井口《いのくち》（のちの岐阜）攻めの様子を謙信に報告している。この書状のむすびは「恐々謹言《きんげん》」となり、文中には「直書《じきしょ》」（謙信へ直接宛てた書状）も送ったとあるのである。

上杉謙信像〈一般財団法人太陽コレクション所蔵〉

こうした関係の変化は、直後の十一月頃に交わされた盟約へとつながってゆく。信長が直江政綱に宛てた七日付の二通の書状（『上杉家文書』五〇〇・五〇一号）によれば、ふたりのあいだに何らかの「御誓談《ごせいだん》」が交わされ、そのしるしとして、信長の息子が謙信の養子に入るという縁組がまとまった。

周知のように、この養子縁組が実現することはなかったが、浅井長政や武田信玄に対するのと同様に、縁組（長政・信玄の場合は婚姻関係であったが）によって、信長は相手との盟約を進めようとしたのである。

このとき信長はまだ美濃を手中に収める以前であり、謙信の意図といい、お互いどのような利点があって、この盟約をむすんだのだろう。理由ははっきりしないが、谷口氏は信長側の理由として、美濃・斎藤氏への備えがあったのではないかと推測している。そうだとするなら、長政や信玄と同盟をむすんだ理由とも共通性があることになる。

謙信と信玄の和睦を仲介

さて、信長が義昭を擁して上洛しようとしていた永禄十一年まで話を進めよう。

信長が義昭に協力するため上洛を決意し、当時、越前の戦国大名・朝倉氏のもとに身を寄せていた義昭を美濃に迎えたのは、同年七月のこと。その約一か月前、信長は、謙信と信玄との和睦を仲介しようとしている。

六月二十五日付で、信長が直江政綱に宛てた書状（『歴代古案』上六〇八号）によれば、度々《たびたび》信玄の側から謙信との和睦の望みが申し入れられており、この仲介にあたりたいと思っていたのだが、謙信の意向を測りかねてしばらく遠慮していた。しかし今回、そちらの考え方次第で事を進めたいと思う、と伝えている。

謙信・信玄と信長という三者の微妙な関係については第二章でも触れたが、以下では、謙信・信長二者の関係を軸にして、重複をいとわず述べることにする。

谷口氏によれば、六月中には、義昭のもとに信長から岐阜招聘《しょうへい》の使者が派遣されたのではないかという。信長が謙信・信玄の和睦（越《えつ》・甲和与《こうわよ》）に乗りだしたのも、このことと関係しよう。

義昭を美濃に迎えた直後の七月二十九日に、信長は「武田・織田の関係については、わたしが公方様《くぼうさま》の入洛につき従うことを受け入れたので、隣国の妨《さまた》げを除くため、和睦しました」（『志賀槇太郎氏所蔵文書』上六一〇号）と、謙信に報告している。

謙信と敵対関係にあった信玄と信長が和したことにより、それまで同盟関係にあった謙信との関係にひびが入ることを懸念《けねん》するいっぽうで、「天下」を治める将軍のもと、謙信・信玄もまた和睦してほしいという、信長の願いが込められている。

その後はあくまで将軍義昭を前面に立て、信長は一緒に動くというかたちで、ひきつづき謙信・信玄の和睦実現に尽力《じんりょく》した。元亀《げんき》元年、信長とそれぞれ同盟関係にあった信玄と徳川家康の関係が決裂し、家康が謙信と同盟をむすんだあとも、信長は謙信・信玄・家康との友好関係を維持しつづけた。

この間、謙信と信長とのあいだでは、頻繁《ひんぱん》に贈り物がやりとりされている。ふたりの関係が史料上うかがえる早い時期にあたる永禄七年当時、すでに謙信から信長に鷹が贈られている。

鷹狩り好きの信長は、越後やさらにその北の奥羽《おうう》にて産する鷹を欲していた。近況報告ついでに、珍しい鷹がいると耳にしては謙信のもとに使者を派遣したり（『上杉家文書』六一六号）、陸奥へ鷹匠《たかじょう》を派遣するにあたり、その路次《ろじ》の安全確保をお願いしたり（『高橋六右衛門氏所蔵文書』上六四六号）している。

謙信の側からも、信長に対して「生易の鵮鷹《へんよう》を持っているからお見せしたい」と連絡し、信長はさっそく鷹匠を派遣して、おそらく譲り受けることができたのだろう、その見事さに感激したことを認《したた》めた書状もある（『上杉家文書』六二〇号）。

逆に信長からは、糸毛の腹巻や兜《かぶと》（同前・上五九五号）、唐糸《からいと》や豹皮《ひょうがわ》など（『志賀槇太郎氏所蔵文書』上六一〇号）が謙信に贈られている。

それにつけても、信長の越・甲和与に注ぐ熱意は、なみなみならぬものがある。元亀二年（一五七二）の七月には、あらためて謙信に対して信玄との和睦を働きかけた。

義昭の意志のもと、信長からも使者を添えたとしたうえで、「あなたとわたしとは多年、交誼《こうぎ》をむすんでいます。信玄ともいい関係にあります。このことは以前申したとおりです。ところがここ数年、ふたりが敵対していることについて見過ごせば、外聞《がいぶん》もいかがかと思うので、遠慮をかえりみずに連絡した次第です」と、熱のこもった和睦勧奨《かんしょう》をおこなっている（『旧高田藩和親会所蔵文書』上一〇五三号）。

いつも強気な印象のある信長だが、きわめて低姿勢なのである。

信玄の裏切りを受けて

だからこそ、信玄の裏切りを知ったときの信長の怒りはすさまじく、対応もすばやかった。

信玄が遠江に向け出馬したのは元亀三年十月三日であったが、それを知って信長はすぐに謙信と連絡をとったのだろう。十一月二十日付の謙信宛書状（『歴代古案』上一一三一号）によれば、すでに上杉氏の使僧・山崎専柳斎《せんりゆうさい》を介して、信玄とは義絶する旨の誓約を申し送っていたことがわかる。この文書のなかで信長が信玄に向けて吐いた痛罵《つうば》は、第二章で紹介したからくりかえさない。

信長からの誓約に応じて、謙信は二通の「罰文《ばつもん》」、つまり起請文を送ってよこした。ここには、両者が信玄とむすぶことは永久になく、協力して「退治」することが書かれていたのだろう。信長は謙信の使節である長景連《ちようかげつら》の目の前で、起請文に血判《けつぱん》を据《す》えたという。謙信も、信長と信玄の関係が切れたことを好機ととらえ、対武田氏の局面において「当家の弓矢わかやぐべき随（瑞）相」と述べたことは、これまた先に触れたとおりである。

信玄が信長を裏切った元亀三年当時、謙信は、武田氏とむすぶ隣国・越中《えつちゆう》の反上杉氏勢力との戦いに手を焼いていた。そこに武田氏や大坂本願寺と連携した加賀一向一揆《いつこういつき》勢も荷担《かたん》して、越中にかかりきりになっていた。そのうえ関東でも、上杉氏がおさえていた上野《こうずけ》沼田《ぬまた》や厩橋《まやばし》に対して武田氏や北条氏の触手が伸び、警戒を怠《おこた》ることができなかった。

そこに信玄・信長敵対の知らせが飛びこんできた。このことは、武田氏の目がもっぱら織田・徳川に向くことを意味する。謙信が、弓矢が「若やぐ」瑞相だと喜んだのも当然である。かくして、謙信・信長の同盟関係は、信玄の裏切りによっていっそう強化された。

元亀四年（天正元年）の混乱

これは結果論になってしまうのだが、謙信が信長を裏切ることになった経緯をさかのぼってゆくと、結局このとき、信玄の裏切りによって、謙信と信長の同盟が強化された時点こそ、謙信の〝裏切りに至る始まり〟だったのではないか、と思わないでもない。

元亀三年末にあった三方原《みかたがはら》の戦いにおいて、徳川・織田軍が信玄の軍勢に大敗を喫した後、年が明けて同四年（天正《てんしょう》元年）に入ってから、謙信から信長に二度の通信があったようである。これに対して信長は、三月十九日付で謙信に十一箇条にわたる条書を送り、お互いの近況と今後の作戦について事細かに伝えている（『謙信公御書集』上一一四三号）。

そのなかで「信濃への軍事行動については、油断なさらないようにしてください。もしいい加減な態度でいたら、上杉・織田・徳川の同盟は『紕繆《ひびゅう》』（間違い・誤り）になってしまいますので注意が必要です」と書いている。三者協力しての信濃（武田氏領国）攻めが、同盟のゆくすえを左右するというのである。

具体的な作戦として信長は、そのころ越中に滞陣《たいじん》していた謙信に対し、はやく越後に戻り、秋には関東・信濃へ出陣してほしいと求め、自らは家康とともに、その後詰《うしろづめ》（背後からの支援）を約束したようである。謙信もその要請に従い、四月二十一日には居城・春日《かすが》山《やま》に戻った（『歴代古案』上一一五〇号）。

信玄は出陣中の同年四月十二日に病没し、武田氏の兵は帰国した。信玄の死は遺言によって秘匿《ひとく》されたものの、その月のうちに陣没の噂は謙信の耳にも届いていた。このときこそ謙信・信長が協力して、武田氏を討つ好機であったはずだ。しかし、そうはならなかった。信長に対して将軍義昭が敵対し、信長はその対応に追われていたからである。

義昭はまず二月に、信玄や浅井長政・朝倉義景らと語らって反信長の旗を揚げた。信長は義昭に和議を申し入れたものの、義昭はこれを受け入れなかったため、義昭の籠《こ》もる二条城を囲み、同城のある上京を焼き払った。この焼き討ちは、京都の治安を維持すべき将軍がいかに無能であるかを示すためにおこなったものと指摘されている。

このときの義昭の旗揚げは、焼き討ち直後になされた正親町《おおぎまち》天皇の斡旋《あっせん》により収められ、義昭と信長はいったん和睦する。ところが義昭は七月、山城・槇嶋《まきしま》城においてふたたび信長に対し挙兵するのである。

さすがにこのときは信長も容赦《ようしゃ》せず、槇嶋城に軍勢をさし向けて取り囲み、義昭を追い払った。将軍義昭が京都を追放される、いわゆる〝室町幕府の滅亡〟とされるできごとが、これである。

七月、つまり季節はすでに秋（旧暦の秋は七月から九月までの三か月）となっていた。謙信と協力しての信濃攻めは実現すべくもない。いっぽう謙信の側でも、越中情勢が不安定であったため、またしても兵を出さなければならない状況となっていたようであり、どのみち武田氏攻撃は不可能であった。

信長は、義昭を追放した勢いで八月に朝倉氏、ついで浅井氏を討つことに成功した。朝倉義景が自害した当日（八月二十日）、謙信にその様子を報告している（『本願寺文書』上一一七一号）。

そこには、上杉氏の軍勢が越中に入ったことにより、加賀一向一揆が蜂起《ほうき》したという情報が届いていることが記されていた。そこで信長は謙信に、「さっそく出馬されて、いますぐ討ち果すべきです」と、越中・加賀への出馬をうながしている。もはやこの時点で、信長としても武田氏攻めは二の次になっている。

◎すれ違う天正二年の作戦協力

あれだけ信玄の裏切りに対する憎しみを募《つの》らせて、謙信とむすびつきの強化を望み、対武田氏攻撃を煽《あお》っていた信長であるが、翌天正二年に入ると、逆に謙信のほうが積極的に、武田氏への攻撃を信長にけしかける場面が目立つようになる。

すでに前年の元年末の時点で謙信は、越中攻めのため兵が疲れているので年内は休息し、年が明けたら、正月五日までには雪を除《の》けて「越山《えつざん》」するという決意を表明している（『下条文書』上一一八一号）。

越山とは、文字どおり越後から山を越えて関東方面に兵を出すことを指す。このばあい、武田氏の勢力が及んでいた西上野《にしこうずけ》を奪い取ることを直接は意味していた。謙信には武田氏攻めの意欲がみなぎっていた。

ところが信長のほうは、信玄の跡を継いだ勝頼によって、逆に侵略を受ける立場になってしまったのである。信長もまた、元年末の時点では、来年は甲斐に出陣して「関東の儀を成敗する」ので協力してほしいと、出羽米沢の伊達輝宗《だててるむね》に要請しているから（『伊達家文書』二九一号・『遠藤山城文書』）、武田氏攻撃の意欲が薄れていないことは間違いないのだが、年が明けた正月末に、逆に武田氏の軍勢が東美濃に侵入し、同国の明智《あけち》城を攻撃してきたのである。

これを受け、信長・信忠父子は二月五日に兵を出した。しかし、そこは山深い地であったために、両軍とも思うような軍事行動ができないでいるうち、城内に内応する者があらわれて、城が武田方の手に落ちてしまった。結局、信長たちは二十四日に岐阜に帰陣している。

いっぽうで謙信は、二月五日に越後から上野沼田に入った。謙信は正月九日に、家康側近の榊原康政《さかきばらやすまさ》に宛てて出陣予定を知らせている。それによれば、正月十八日に越山し、西上野に火を放つつもりであり、この時を逃すと武田氏攻めの機を逸《いっ》するので、家康から信長に出馬をうながすように、康政から諫言《かんげん》してほしい、とある（『榊原文書』上一一八三号）。もっともこの予定は延期され、上野入りは結局二月五日になった。

沼田到着二日後の七日にも、謙信は家康の重臣・酒井忠次に対して、重ねて申し入れをしている。忠次宛の書状では、謙信越山の理由が少し具体的に述べられている。

家康が武田方の城である遠江の二俣《ふたまた》城を攻撃した。同城救援（後詰）のため、信濃・西上野にあった武田氏の軍勢がそちらに向かった。これによって西上野の軍備が手薄になったので、謙信はその隙《すき》をついて沼田へやってきた、というのである。

謙信はこのように家康に対し恩を売ったうえで、「今回、家康が手合わせ（軍事協力）をしてくれなければ、今後こうした催促をすることはない」と、脅迫まがいに同盟破棄をちらつかせて、強く家康そして信長の武田氏に対する出馬をうながし、挟撃《きょうげき》を画策している（『徳川黎明会所蔵文書』上一一八七号）。

これに対し家康は、三月十三日付で謙信側近の村上国清《くにきよ》に宛て、駿河出兵を約束している（『歴代古案』上一一九四号）。信長がどのような応対をしたのかがわかる一次史料は残っていない。信長は十七日に上洛してしまうので、もとより武田氏攻めは無理であった。

このときの京都滞在時に信長は奈良へ下向し、東大寺正倉院《しょうそういん》の名香・蘭奢待《らんじゃたい》を切り取っている。謙信の要請に応えることなく（少しきびしい表現を使えば無視して）、上洛をえらんだ信長の胸中がよくわからない。

ところで、この三月に信長は謙信に「洛中洛外図屛風《らくちゅうらくがいずびょうぶ》」を贈ったのではないかとされており、このときの協力関係のあり方をうかがう注目すべきできごととなっている。この点は、本章の最後に述べたい。

謙信はこののち四月にかけて、西上野の武田氏の城をいくつか攻め落とした。しかし、武田氏と同盟をむすんでいる北条氏が出兵してきたため、思うような作戦展開ができないでいた。

いっぽう信長と家康は、謙信のきびしい催促に応えることができたかといえば、結局、ふたりともできなかった。今度は武田氏の軍勢が、徳川氏の支配下だった遠江の高天神城《たかてんじん》を攻撃してきたのである。五月のことであった。

武田軍による高天神城攻めは、五月十二日に開始された。その報は京都にいる信長にも届いた。信長は二十八日に岐阜に戻り、高天神城支援のための兵粮《ひょうろう》調達をいそいで、六月十四日に出陣、同十七日に徳川方の三河・吉田城まで駆けつけたものの、その日、高天神城の城主・小笠原氏助《うじすけ》が勝頼に降伏し、そのまま城は武田氏の手に落ちてしまったのである。

違約から生じた亀裂

以上のように、信長・家康は、謙信に対して有効な軍事協力ができないまま、天正二年の前半が過ぎてしまった。

謙信は、こうした信長の違約を詰《なじ》ったのではあるまいか。六月二十九日付で信長が謙信に対して弁明している条書がある（『今清水昌義氏所蔵文書』上一二一三号）。そこで信長は、

「信・甲表の儀、信長勢を入れざるの由承り候。全く油断なく候といえども、近年五畿内ならびに江北・越前之儀につきて取り紛れ候つる事」と書いている。

謙信は「信長勢を入れざる由」（信長が出兵してくれなかった）と恨《うら》み言を述べているのである。これに対し信長の弁解は、「油断していたわけではなく、このところ五畿内や江北（近江北部）・越前の事に取り紛れて（できなかった）」というものであった。

江北・越前が浅井・朝倉氏のことを指しているのなら、これは前年の天正元年のことである。もちろん朝倉氏を滅ぼしたあとも、天正二年前半にかけ越前の情勢は安定せず、結局、越前は一向一揆勢に奪われてしまい、信長の思うとおりにならなかった。

ただ、ここでは江北ともあるから、表現から見れば前年の、旧聞に属することを理由に出していると言わざるをえない。子供の言い訳めいてはいないだろうか。

さらにこの条書には、もうひとつ興味深いことが書かれている。謙信・信長の関係を邪《じゃ》魔《ま》しようとしている者がおり、謙信がこれを疑っているのである（「御間《おんあいだ》の儀、自然申し妨ぐるの者これあるか」）。信長はそうした人物の存在を否定し、もしいたとしても決して許さない、と返事している。

具体的にどういった邪魔立てをしている（という疑念がある）のかはわからないものの、

謙信と信長の信頼関係に何かしらのひびが入りかけていることは注目してよい。

謙信は、あらためて秋に協力して武田氏攻めをすることを信長に迫ったらしい。時期も九月上旬を提案してきた。

信長はこれに同意し、詳しい日取りはあとで決めましょうとしたうえで、大坂本願寺方面は畿内勢に任せ、東国方面は近江・美濃・伊勢・三河・遠江の軍勢を当てるので、畿内の軍事行動が武田氏攻めに影響を与えることはないからご心配なきようにと、謙信の懸念《けねん》を払拭《ふっしょく》することに努めている。

では約束の九月上旬、信長はどうしただろうか。

右の条書を謙信に出す以前、六月十七日に高天神城が落ちていたことはすでに述べた。信長は、兵粮代として黄金を入れた皮袋二つを家康に与えて、岐阜に引き返した。

その後、秋に入って七月十三日に出陣したのは、木曾川《きそがわ》・長良川《ながらがわ》・揖斐川《いびがわ》が伊勢湾に注ぐ河口に位置する長島《ながしま》である。長島城とその支城に楯籠《たてこ》もった一向一揆勢を包囲し、飢餓《きが》状態に陥った敵が降伏してきたにもかかわらず、不意打ちのように彼らを攻撃し、徹底した虐殺《ぎゃくさつ》をおこなった。このため、追い詰められた一向一揆勢の逆襲にあい、一族にも大きな犠牲が出た。

信長が岐阜に帰陣したのは九月二十九日である（『信長記』巻七）。長島は早くけりをつけるつもりでいたのかわからないが、謙信と約束したはずの武田氏攻めは、またしても履行《りこう》されないまま秋は過ぎ去った。

信長による長島攻めを謙信がどう見ていたのか、史料がなくわからない。信長は長島から岐阜に帰ったあと、年内そのまま在城している。

謙信のほうは、冬にかけて、味方であった下総関宿《しもうさせきやど》の簗田《やなだ》氏が北条氏から攻められ、耐えきれずに降伏してしまうという憂《う》き目を見た。心に期した武田氏攻めができなかったのはおろか、北条氏にも押され気味で、これでは鬱屈《うっくつ》を抱えないはずがない。

亀裂は、やがて破綻へ

そんな仕打ちにあっても、謙信が信長と完全に手を切ったわけではなかった。天正二年の前半頃まで、上杉家側に比較的多く残されている信長の書状や、謙信・信長両者のあいだで交わされた文書が、同年の後半以降になると少なくなっていることは、ふたりの関係の変化をあらわしているのかもしれないが、決裂というほど決定的な敵対関係には至っていない。

翌天正三年五月二十一日に起きた長篠《ながしの》の戦いのさいには、どうやら織田・徳川軍と武田軍が衝突する直前、十九日付で謙信は、信長に陣中見舞の書状を送ったらしいのである（『上杉家編年文書』信五一八号）。

それによれば、信長は戦後の六月十三日にそれを受け取り、すぐに返事を書いた。そもそも戦いの帰趨《きすう》が決した直後、陣所《じんしょ》から謙信に、戦勝の一報を出していたらしいこともわかる。

謙信からの五月十九日付の書状を受け取った信長は、六月十三日付の返事であらためて大勝を伝え、「さすれば信濃に出兵しようと思います。幾度《いくたび》もそちらから承っていたことでもありましたので、このときこそ信濃・甲斐に攻め入る好機でしょう」と、協力して武田氏攻めをしようと鼻息は荒い。

しかし、前年にあれだけ武田氏攻めの催促をしながら、相手が果たしてくれずに苦杯をなめさせられた謙信としては、何を今さらと、信長のあまりの虫の良すぎる態度に苦々《にがにが》しさをおぼえたのではあるまいか。

そのように思っていたのかどうか、今度は逆に謙信が、武田氏攻めをすることはなく、兵を越中にさし向けたのである。武田攻めを持ちかけてから約ひと月後の七月二十日付で、村上国清に宛てた信長の書状が残っており、そこでは、「約束していたことを違《たが》えてしまうのは世間体《せけんてい》が悪く無念《むねん》です」と、逆に恨《うら》み言を述べてくる始末であった（『諸州古文書』信五二六号）。まるで謙信が、意趣《いしゅ》がえしをしたかのようである。

ちなみに、上杉家が江戸時代に編んだ公式記録『上杉年譜』によれば、長篠の戦い大敗後の六月、武田勝頼から謙信に対し密《ひそ》かに使者が派遣され、和睦を申し入れたという。謙信はこれを受け、足利義昭から度々、信長退治の命を受けていることもあり、武田氏と和して信長を攻めることにしたとある。

義昭から謙信に、信長退治の命があったことは事実だが、謙信裏切りの理由については裏づけがなく、こういう説もあるということで紹介しておく。

長篠の戦い以前の段階で、信長は、秋に大坂本願寺を攻撃するつもりでいたようである。ところが、天正三年の秋（七月・八月）に攻め入った先は越前であった。前年に一向一揆に奪われていた越前を取りかえし、ここでも徹底的な殲滅戦《せんめつせん》がおこなわれたのである。

この方針変更の背景には、長篠の戦い大勝により、武田氏の脅威が弱まったこともあるのだろうが、それであれば逆に、本願寺攻めに力を集中できるはずである。

にもかかわらず越前を攻め、その後そこに重臣・柴田勝家らを配したというのは、長篠の戦い後に越中に攻め入り、さらに加賀へと影響力を及ぼそうとしていた謙信に対する警戒心もあったのかもしれない。

そうであれば謙信の心中は、ますます穏《おだ》やかではなくなってくる。本来、同盟関係にあったはずの両者の釦の掛け違いは、取りかえしのつかない事態に至った。

最近、戦国史研究者の柴裕之氏は、謙信と信長が敵対するに至った要因のひとつに、加賀・能登が、両者の支配領域が接する「境目」となり、そこをめぐる領土紛争の様相を呈したためであると指摘し、謙信の裏切りは天正四年秋頃に決意されたと論じている。

この地域を「境目」として不穏な状況にさせたのは、ほかならぬ越中に攻め入った謙信と、越前に攻め入った信長なのだが、その原因をさかのぼってゆけば、天正二年における信長の背信があったと考えざるをえない。

贈り物「洛中洛外図屏風」の問題

同盟から敵対へ、謙信と信長ふたりの関係の変化を以上のように追いかけてきたところで、気になることがひとつある。先にも述べた「洛中洛外図屏風」(上杉博物館所蔵)だ。

この屏風は信長から謙信に贈られたとされ、ふたりの同盟関係を象徴する調度品として

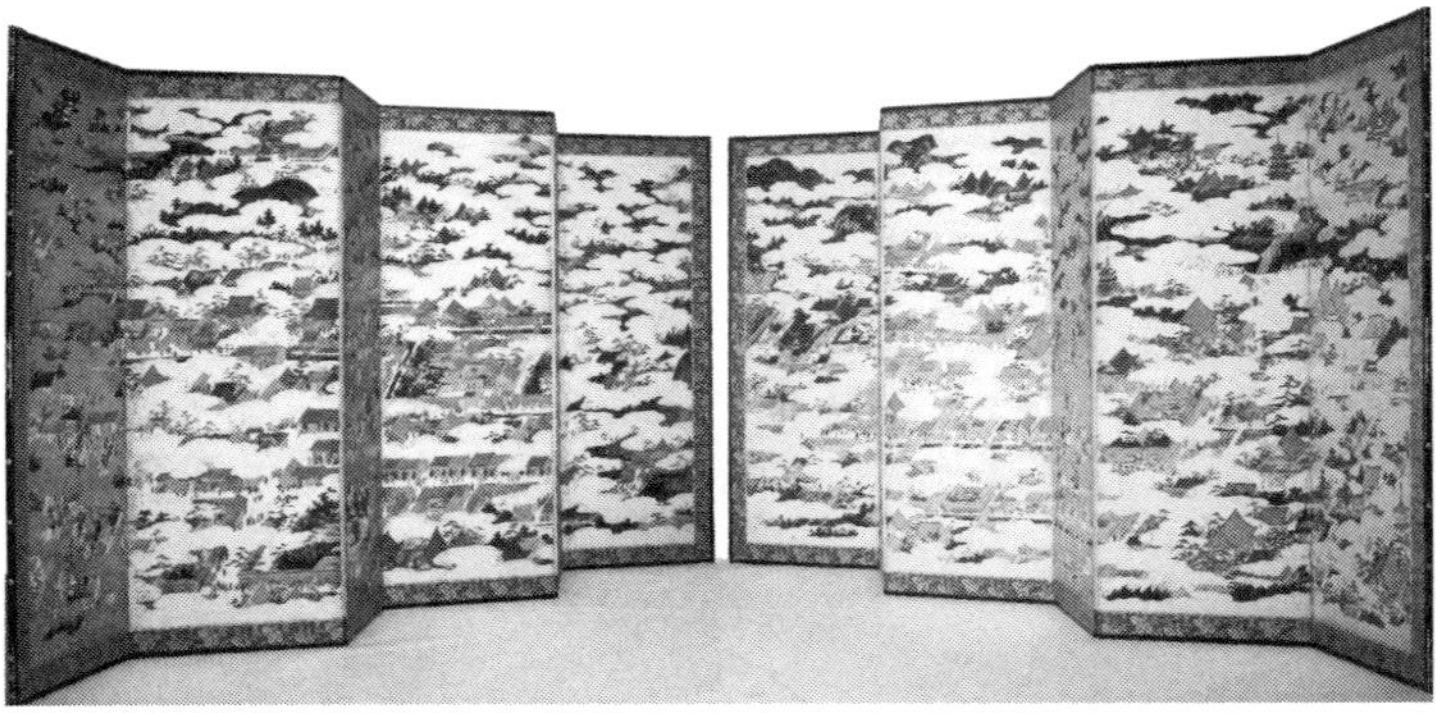

「上杉本洛中洛外図屏風」〈上杉博物館（米沢市）所蔵〉

知られている。戦国時代を代表する絵師・狩野永徳《かのうえいとく》が描いたとされるこの名品は、義昭の兄にあたる将軍義輝《よしてる》の命により制作が開始されたが、完成したのは、注文主の義輝が三好氏の軍勢により殺害された永禄八年五月以降だという。

注文主の死去により、永徳のもとでそのままになっていたところを信長が目をつけ、友好の証《あか》しとして謙信に贈ったとされている。

屏風が謙信に贈られたのはいつか、長く議論が交わされていたが、絵画史料研究の第一人者である黒田日出男氏により、天正二年三月であるという説が提起され、現在ではそれに大きな異論は出ていないようである。だが待ってほしい。この天正二年三月というのは、前述のようにふたりの関係が、ややこじれかかっていた時期ではなかっただろうか。

『上越市史』も指摘しているように、屛風は、謙信が武田氏を攻めるため西上野に「越山」し、信長・家康に協力しての軍事行動を強くうながしていた、まさしくその頃に贈られたことになるのである。そんな時に、約束の出陣を果たさず、豪華絢爛《ごうかけんらん》たる「洛中洛外図屛風」を贈るというふるまいは、相手にどんな印象を与えたのだろうか。

黒田氏はこのあたりも当然、見越している。出陣できなかったことを詫《わ》びるための贈り物とまでは断言していないものの、「確かに信長が謙信に『もの』を贈る必然性があった」と、屛風が詫びのしるしであった可能性を示唆《しさ》している。

江戸時代初期に成立した記録ではあるが、比較的良質なものとされている『当代記《とうだいき》』のなかに、こんな挿話が書きとめられている。

天正二年正月、武田勢が三河（実際は美濃）に侵入したことに対し、謙信はその後詰として、深雪にもかかわらず西上野に出陣した。ところが信長からは何の礼もなかったため、謙信はこれを遺恨《いこん》とする書状を信長に出したというのである。

この書状は残っておらず、どの程度信憑性《しんぴようせい》がある話なのかはわからない。とはいえ、この謙信の不満をなだめるため、信長がお詫びの気持ちをこめて洛中洛外図屛風を贈ったという流れは想定しやすい。

三月であれば、実際はまだその後に出陣してくれるかもしれないという期待も残されていたが、結局それもなく、信長は上洛し、さらに秋には別のところ（長島）に出陣した。三月という黒田氏の説を受け入れるならば、その時機としても、またその後の結果を見ても、屏風の贈与ははなはだ逆効果だったのではないか、というのが率直な感想である。

信長の危うい外交感覚

以上見てきたふたりの気持ちのすれ違いを、恋人同士の関係に置きかえてみよう。

ある町に、なかなか予約がとれない人気の料理店があった。彼女の謙ちゃんは、苦労してそこの予約をとってくれた。ところが彼氏の信くんが、それに対してねぎらいのことばをかけてくれないことに、謙ちゃんはちょっぴり不満だった。

しかも信くんは当日、約束の時間になってもなかなかやってこない。業《ごう》を煮《に》やした謙ちゃんから電話をもらって、「かならず行くから」と返事しておきながら、このとき信くんは結局すっぽかしてしまい、仕方なく謙ちゃんはそこでひとり、味気ない夕食を食べた。

信くん本人は事の重大さを認識しており、大事な出張が入ってしまい来られなかったという言い訳（あとから聞けば、京都・奈良に行っていたとのこと）とともに、お詫びのしるしとして、とても高価な指輪を彼女に贈った。

謙ちゃんは「こういうことじゃないでしょ」と、彼の態度に違和感を抱きはじめたものの、せっかくの高価な贈物をむげに突き返すのも大人気ないので、そのときは貰《もら》っておいて、ふたりの関係もそのまま継続した。

秋にこのときの借りを返すからという信くんの約束を信じ、謙ちゃんは楽しみに待っていたけれども、その約束も果たしてくれず年が明けてしまった。謙ちゃんの心は、すこしずつ信くんから離れてゆく……。

ところが、その面白くない記憶がまだ頭から消えていない頃、信くんから、去年すっぽかした料理店の予約が偶然とれ、しかも眺望《ちょうぼう》も抜群の良い席がとれたといって、一緒に食事をしようと連絡があった。謙ちゃんの都合も考えず、日付も彼が一方的に決めて指定してきた。

こんな信くんの身勝手さに謙ちゃんは興《きょう》が醒《さ》めてしまう。そして彼女は真剣に別離を考えるようになり、このときの約束は彼女のほうから破ってしまった。かくして、ふたりは別れを迎えたのである……。

これは屏風贈与とは関係ないことだが、自分のほうから背信をしたにもかかわらず、そのことを相手がどう考えているのかという想像力が、信長には欠如《けつじょ》しているように見える。長篠の戦いにおいて大勝した直後、それまでのことを忘れたかのように同盟にもとづいた行動を相手に求める点についても、自らの過怠《かたい》を棚に上げる言動である。信長は謙信との外交でも、大きな過ちをおかしたと考えざるをえない。

第四章 毛利輝元

——境目紛争の末に

第4章／略年表

永禄11年(1568)	9月	信長、足利義昭を擁して上洛する。
永禄12年(1569)頃		毛利氏と信長の通交が始まる。
	8月	信長、毛利元就の依頼に応じ木下秀吉らの軍勢を但馬・播磨に派遣する。
元亀2年(1571)	6月	毛利元就没。
元亀4年(1573)	7月	足利義昭、信長に対し挙兵するも失敗、京都から追放される。
	同	元亀から天正に改元される。
天正元年(1573)	8月	信長、朝倉氏・浅井氏を滅ぼす。
	同	信長、朝倉氏・浅井氏を討ったことを毛利輝元に報告する。
	同	尼子勝久ら、因幡鳥取城の武田高信を攻め、これを討つ。
	9月	輝元、義昭の帰洛について信長を説得する。
	12月	堺において義昭帰洛のための交渉が行われ、決裂する。
	12月頃	備前浦上宗景、信長から所領に関する朱印状を与えられる。
天正2年(1574)	2月	吉川元春、因幡に入り、山名豊国を降伏させる。(この頃、秀吉の但馬出兵について毛利氏・信長との間に約束あり)
	11月	備中三村氏、毛利氏に叛旗を翻す。
天正3年(1575)	1月	但馬山名韶凞、毛利氏と和睦する。
	4月	信長、宗景と備前宇喜多秀家の和睦について元春に要請する。
	9月	秀家、宗景を備前天神山城に攻め、宗景同城から脱出し播磨に逃れる。
	同	信長、播磨に荒木村重を派遣し、宗景への支援を行う。
	同	輝元、信長家臣松井友閑に、直家赦免のことを申し入れる。
	同	輝元、穂田元清に信長が敵となった時のことを想定する書状を出す。
	10月	宗景・播磨の小寺政職・同別所長治等、上洛して信長に拝謁する。
	同	元春、年内に安芸吉田において東西弓箭の儀に関する談合があることを報じる。
	11月	信長、権大納言・右大将に任じられる。小早川隆景、これに祝儀を贈る。
	同	信長、織田氏の家督を信忠に譲る。
	同	信長、東国・奥羽の領主たちに武田氏攻めへの協力を依頼する。
天正4年(1576)	2月	義昭、備後鞆に下向する。
	同	輝元、湯浅氏に対し、信長が攻めてきた時の支援を要請する。
	3月	信長、毛利氏に山中幸盛らを受け入れないことを約束する。
	同	元春・隆景、信長に年頭の祝儀を贈る。
	5月	毛利氏、義昭の支援を決め、信長に敵対する。

毛利氏と織田氏の同盟

本章でとりあげるのは毛利輝元《てるもと》である。輝元、ひいては毛利氏もまた、もともと織田信長とは同盟関係にあり、のちに裏切って敵対することになる大名である。

武田信玄といい上杉謙信といい、なぜ信長は、同盟関係にあった有力戦国大名に裏切られるのだろうか。これまでは漠然《ばくぜん》と、信長による〝天下統一の野望〟にもとづく拡大主義が大名たちの警戒心をあおり、結果、彼らが敵対するに至ったと考えられてきたと思われるが、ここまで信玄と謙信の例を見たように、彼らが信長を裏切るに至った原因は、それぞれに理由があり、ひとしなみに信長の脅威によるとは考えがたい。

ただし、それぞれに別個の理由があるとしても、何か共通した（信長側の）原因があるかもしれない、ということは念頭において考える必要がある。戦国大名と信長との関係を考えるのは本章が最後となる（第五章・第六章は、信長と彼の家臣との関係をとりあげる）ので、そうした共通性があるのなら、ここで提示しておきたい。

さて、安芸《あき》の毛利氏と信長とのあいだに通交が始まったのは、信玄・謙信ほど古くない。谷口克広氏は、将軍義昭・信長が上洛したあと、永禄《えいろく》十二・十三年（一五六九・七〇）頃のこととしている。

両者をむすびつけたのは、山陰地方（出雲《いずも》・伯耆《ほうき》・因幡《いなば》）をめぐる情勢であった。

この地域に勢力をもっていた戦国大名・尼子《あまご》氏を毛利氏が降《くだ》したのは、永禄九年のことであったが、その後、山中鹿之助幸盛《ゆきもり》らをはじめとする尼子氏の旧臣たちが、一族の勝久《かつひさ》を擁《よう》して、尼子氏再興を目指し決起したのである。彼らには但馬《たじま》の守護・山名《やまな》詔凞《つぐひろ》（祐《すけ》豊《とよ》）が協力していたこともあり、永禄十二年、毛利氏（このときの当主は元就《もとなり》。元就は二年後の元亀《げんき》二年六月没）は、信長に対し但馬への出兵を要請した。

信長はこれに応えて、木下（羽柴《はしば》）秀吉らを将とする軍勢二万を但馬に派遣し、同国の垣屋《かきや》城などを攻撃している（『益田家文書』二九五号）。このことを毛利氏に伝えた朝山日《あさやまにち》乗《じょう》は出雲出身の僧侶で、かつて毛利氏・尼子氏に仕えていたとされ、この時期、朝廷・織田氏・毛利氏をむすぶ外交僧として暗躍していた。

日乗の書状では、信長から毛利氏に対して「御縁辺《ごえんぺん》」、すなわち婚姻による縁組の希望も伝えられている。谷口氏が、信長外交の「常套《じょうとう》手段」とするように、ここまで見てきた大名全員と信長は、縁組による同盟関係構築をおこなっており、毛利氏ともまた縁組をむすぼうとしていたのである。

永禄十二年に但馬に出兵すると同時に、信長は木下助右衛門尉《すけえもんのじょう》らを将とした軍勢二万を播磨《はりま》にも出陣させている。先の日乗書状によれば、目的は「備（備前《びぜん》）・作（美作《みまさか》）両国御合力のため」だという。山陽方面でも、備前・美作における毛利氏の軍事行動に対する協力をおこなっていたのである。

当時西国では、「毛利氏包囲網」と呼ばれる、反毛利氏勢力による毛利氏への攻勢が激しくなっていた。その中心は、九州北部の大名・大友《おおとも》氏（宗麟《そうりん》）である。大友氏と呼応して、

毛利輝元画像〈東京大学史料編纂所所蔵模写〉

美作の三浦氏や備前の浦上宗景《むねかげ》らが、反毛利の軍事活動をおこなっており、信長は、彼らの背後に位置する播磨に兵を出すことにより、毛利氏を支援しようとしたのである。

戦国史研究者の山本浩樹氏によれば、この時点で中国地方は、因幡・美作・備前以西を毛利氏、但馬・播磨以東を織田氏の支配領域とするという合意があったとされている。

ここまでも似たようなことを書いている気がするが、信長は義昭とともに、西国地域においてもまた、敵対する勢力同士、すなわち毛利氏と大友氏との和睦締結に向けて奔走《ほんそう》している。日乗書状でも、信長の取り持ちで大友・毛利の和睦を進めるので協力してほしいと、元就たちに呼びかけている。

このような仲介をしている以上、信長は大友宗麟とも決して悪い関係ではない。元亀三年（一五七二）五月頃、宗麟が上洛の意志を示していることについて、信長はわざわざ輝元の叔父である小早川隆景《たかかげ》に対して書状を送り、これを伝えている（『小早川家文書』二七〇号）。

その書状によれば、宗麟の上洛の望みについて、信長と毛利氏との同盟があるため、そちらに連絡することを遠慮していたが、近年「天下の儀」には信長が関わっていることもあって、遠国《おんごく》の大名が上洛してくることは、京都（幕府）のためにも信長のためにもよいことなので、どうか許容してほしい。このように大友氏を好意的に迎え入れるからといって、毛利氏をないがしろにするわけではないから、その点ご容赦《ようしゃ》願いたい、というのである。

信玄と謙信との和睦を進めていたさいにも、信長は両者におなじような気遣いをみせていたことを思い出す。

義昭の処遇をめぐって

元亀四年（天正元年）七月に、義昭が信長に対して挙兵したものの、逆に攻められ、同十八日に京都から追放されてまもない八月一日、義昭は、元就の次男・吉川元春《きつかわもとはる》に対して「当家（足利家）再興」に協力するよう呼びかけている（『吉川家文書』八二号）。

このなかで義昭は、「その国の儀第一に頼み思し召し候」と、毛利氏が頼りであることを強調している。あとで触れるように、義昭は後年、毛利氏を頼ってその領国・備後鞆《びんごとも》に下り、その後、輝元は信長への敵対を決断する。このため義昭と毛利氏とのあいだには、つねに強い信頼関係があったと思われがちだが、追放直後の時点では、まったくそのようなことはなかった。むしろ、輝元たちは第三者の立場から、義昭と信長との関係修復を試みていた。

信長は七月十八日に義昭を追放したあと、八月に朝倉・浅井両氏を滅ぼすまでのあいだに、輝元らに対し義昭追放を報告する書状を送ったようである。これに対して輝元も、何らかの返事を送った。それを受け信長が、九月七日付で輝元・隆景宛に出した第二信が残っている（『乃美文書正写』信四〇一号）。このなかで朝倉・浅井氏を討《う》ったことが報告されている。

おなじ日付で、織田氏の毛利氏への連絡役（取次）となっていた秀吉も、輝元に対して書状を出している（『毛利家文書』三三一号）。秀吉は、「公方様（義昭）が入洛されることについて、（あなたから）信長へ御諷諫《ごふうかん》がありました通り（私から信長へ）説得を試みましたところ、（信長は）同心《どうしん》されました」と書いている。

つまり、輝元は秀吉に対し、義昭を許したうえでの京都復帰を信長に働きかけてくれないか、と「御諷諫」していたようなのだ。

信長の「同心」を受け、輝元は十月二十八日、義昭側近の一色藤長《いっしきふじなが》に対して「帰洛について私から信長に申し入れましたので、将軍のほうでもこれを受け入れてくだされば『都《と》鄙安泰《ひあんたい》』の基《もとい》となります」と伝えている（『別本士林証文』大十編之十八）。輝元は、両者の仲裁役に徹している。

かくして十二月頃、義昭と信長とのあいだに、義昭帰洛のための交渉がもたれた。織田氏からは、秀吉と日乗が交渉役として派遣され、毛利氏側からは、これまた外交僧として名高い安国寺恵瓊《あんこくじえけい》が同席した。この交渉の様子を、恵瓊が毛利氏家臣に報告した十二月十二日付の書状が残っている（『吉川家文書』六一〇号）。

この交渉では義昭が、信長から人質を出すよう強硬に主張し、まったく引かなかったため、秀吉がこれに腹を立てた。そして「ご納得されないようなら、将軍はただ行方《ゆくえ》知れずになったと信長に報告するので、どこへでもいいから早く消え失せてください」と言い放ち、席を立ってしまったため、結局は実をむすばなかった。

残された恵瓊や日乗は、ひきつづき義昭の説得を試みたものの、やはり彼は同意しなかった。この態度に呆《あき》れた恵瓊は、義昭に対して「もし西国に御下向《ごげこう》されようものなら一大事だ」「先々も、こちらに御下向することのないように」と強く釘《くぎ》を刺し、義昭もこれにうなずいて別れたようである。

恵瓊および毛利氏としては、信長と同盟関係にある現状において、義昭が懐《ふところ》に飛びこんでくることを極度に警戒していたのである。義昭から頼られることは信長と敵対することを意味するから、毛利氏にとって迷惑な話なのだ。

ちなみにこの恵瓊の書状は、のちに起こる本能寺の変を予見したかのようなことが語られ、また秀吉の有能さを見抜いたものとして有名である。

恵瓊はこのなかで、「信長の世の中は三年から五年程度もつだろう」「来年、信長は公家にでもなるだろう」「そのあとは高転《たかころ》びにあおのけに転ぶだろう」と信長権力の将来を予測し、いっぽうで「藤吉郎《とうきちろう》さりとてはの者にて候（秀吉はなかなかの人物だ）」と表現している。

両者のほころび㈠——山陰情勢

織田氏と毛利氏との良好な関係が破綻するのは、右に見た義昭帰洛の交渉から約二年半経った天正四年のことである。それではこの間、両者のあいだにはいったい何があり、何が原因となって、敵対に至ったのだろうか。

どうやらそこには、両者の勢力が接する地域をめぐる情勢が、深く絡《から》んでいたようなのである。山陰と山陽それぞれの地域に分けて、敵対の原因を探ってゆくことにしよう。

まず、山陰である。

永禄十二年頃から、尼子勝久・山中幸盛ら尼子再興勢力が、出雲・伯耆・因幡あたりで活動を活発化させていたことは、前述のとおりである。彼らに、但馬の山名韶凞と、彼の甥《おい》にあたる因幡の山名豊国《とよくに》らが協力することにより、天正元年八月頃、勝久らの軍勢は因幡・鳥取城を攻め、因幡における毛利氏方の武将・武田高信《たかのぶ》が討たれてしまう。

先に、天正元年の九月七日付で信長や秀吉が、輝元らに書状を送ったと述べたが、ほかにもこの日の日付で、秀吉と信長の右筆《ゆうひつ》・武井夕庵《せきあん》両人の連署で、小早川隆景《たかかげ》に送った書状がある（『小早川家文書』四〇二号）。

それによれば、それ以前、隆景から秀吉らに対し因幡・但馬の情勢について、援軍派遣の要請があったようである。秀吉と夕庵はこれに対し、但馬へ出陣する日取りについてはこちらから連絡します、と返事している。このように毛利氏は、織田氏の援軍を必要とするような状況であったのである。

先の（天正元年）十二月十二日付の恵瓊書状では、但馬については来年二月中に秀吉が大将となって入国することが決まっており、現在、但馬の半分ほどは秀吉に通じていると報告されている。その（天正二年）二月頃には、吉川元春が軍勢を率いて因幡に入り、敵対していた山名豊国を降伏させることに成功した。

信長は、これを祝う書状を隆景に送り、「但馬へ出兵することについては抜かりありません。そのときにまた連絡します」と伝えている（『小早川家文書』二六一号）。

ところが、このとき信長が毛利氏に約束していた但馬への出兵は、果たされなかった。第三章で見たように、天正二年二月頃といえば、信長は上杉謙信からも、協力しての軍事行動を迫られていた時期であった。なぜ謙信との約束を果たせなかったのかは、そこで述べたとおりだが、それを考えれば、但馬へ軍勢を割《さ》くこともまた、無理な注文であった。

但馬に出兵できなかったことは、謙信のばあいと同様に、信長の背信と考えられるのだろうか。毛利氏は、但馬出兵の約束が果たされなかったことについて、謙信と同様に信長を詰《なじ》ったのだろうか。

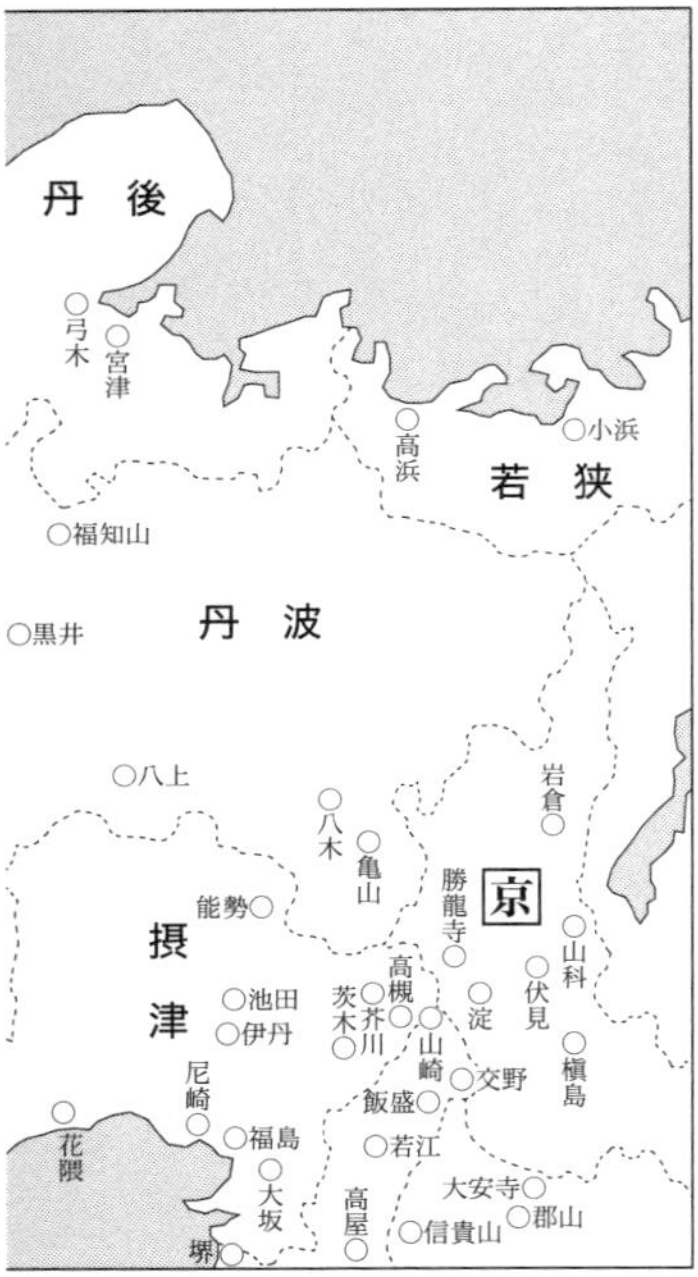

地図に手を加えた〉

いまのところ、そうした史料は確認されていない。実際、毛利氏が信長を責めるようなことはなかったのではあるまいか。というのも、その後、毛利氏は但馬の山名韶凞に圧

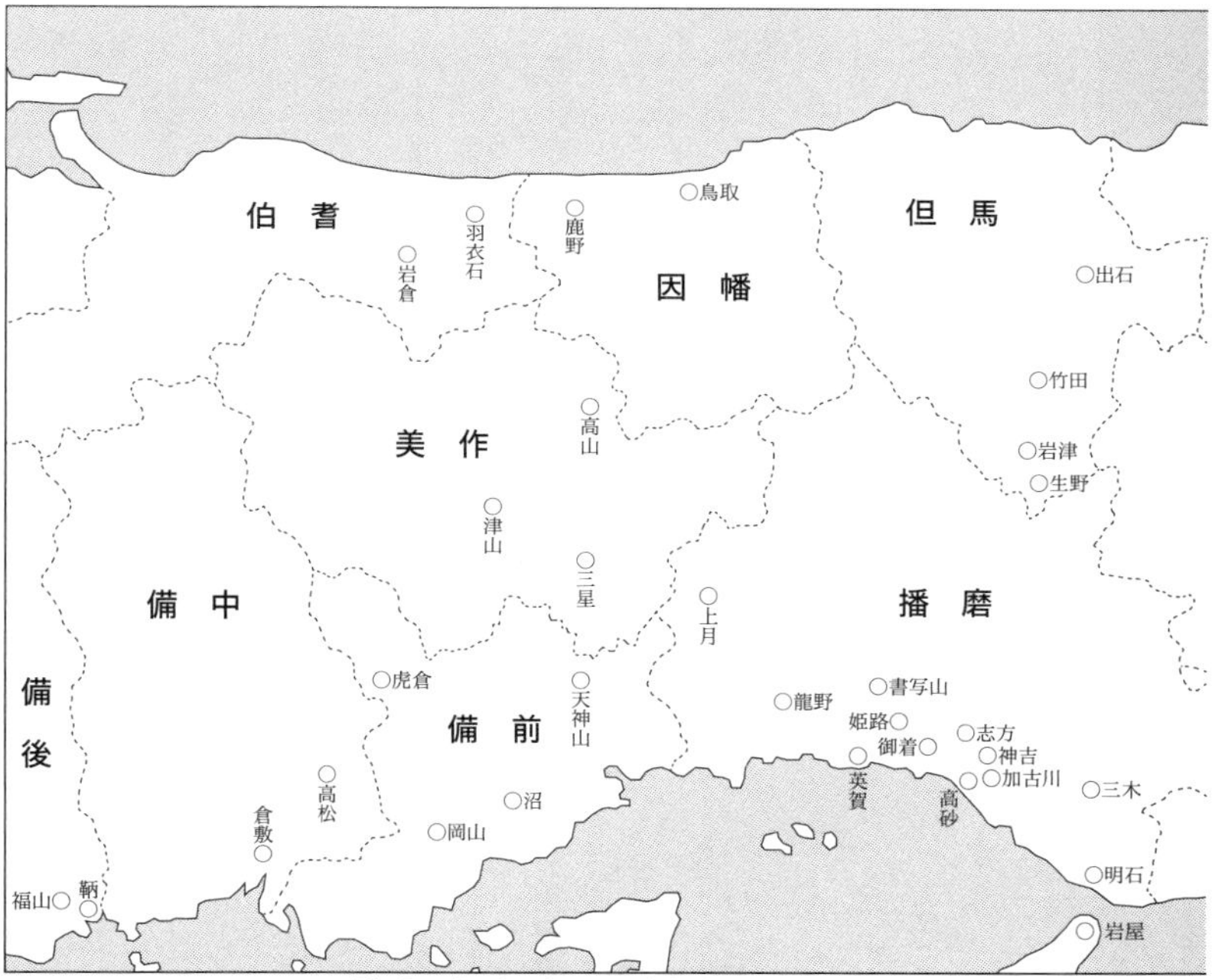

畿内・山陰・山陽関係地図
〈谷口克広『戦争の日本史13　信長の天下布武への道』吉川弘文館・188～189頁所載

力をかけ、彼と和睦して同国を勢力下に組みこむことに成功したのである。これで尼子再興勢力に味方する山名氏は、完全に毛利氏の軍門に降ったことになる。

毛利・織田双方の合意を前提とすれば、但馬は織田氏の支配下に入るという約束だったはずである。信長は、こうした事態をどう受けとめたのだろう。隆景より芸（安芸＝毛利氏）・但（但馬＝山名氏）の和睦について報告を受けた信長は、次のように述べている（『小早川家文書』二七一号）。

但馬について、かねがねご承知のように、当方の分国とするという約束をしておりましたが、近年交渉がなく、苦々しく思っておりました。しかし、出雲・伯耆といった山陰地域の（安定の）ため、また、敵対する尼子・山中らの牢人《ろうにん》を退治するために必要だったということであれば、和睦が達成されたのはおめでたいことです。最前の盟約にしたがい、ご連絡いただいたことに感謝申し上げます。

信長は但馬について、兵を出すと約束しながら、それができなかった以上、毛利氏が自力で決着をつけたことについて、やむをえないと諦《あきら》めたようである。その後、山名氏と毛利氏は、吉川元春を仲介にして天正三年正月に和睦し、同年五月には元春と韶凞とのあいだに起請文《きしょうもん》が交わされ（『吉川家文書』五七七号）、因幡・但馬の山名氏を毛利氏が庇護《ひご》することになった。

毛利氏に抵抗していた尼子勝久と山中幸盛は、のちに信長を頼り、播磨《はりま》・上月《こうづき》城の守将として送りこまれることになる。先の恵瓊書状を見ると、天正元年十二月時点において彼らは、すでに柴田勝家《かついえ》を通じて信長を頼っていた。しかし、このとき信長は、彼らを受け入れないと確約する朱印状を毛利氏に出したようである。

やや先の話になるが、毛利氏が信長に敵対する直前の天正四年三月にも、秀吉と武井夕庵の両人が吉川元春に対し、山中幸盛は受け入れないという信長のことばを伝えている（『吉川家文書』一四七五号）。

この地域が、織田氏・毛利氏の決裂の直接の火種となったというわけではないものの、但馬の帰趨《きすう》をめぐる問題（信長の側に不満が残る）、反毛利の将・山中幸盛の処遇をめぐる問題（毛利氏側は信長と幸盛のむすびつきに対し、つねに警戒している）など、両者の良好な関係を切り裂くような因子が、いくつか存在していたと言えそうである。

両者のほころび（二）――山陽情勢

近年の柴裕之氏の研究において、これまた織田氏と毛利氏の支配領域の「境目」に位置した山陽地方の備前・美作（備作地域）の情勢が、織田氏と毛利氏が敵対する直接の原因となったのではないかと指摘されている。ここでの対立軸は、備前の領主である天神山《てんじんやま》城主・浦上宗景《むねかげ》と、岡山城主・宇喜多直家《うきたなおいえ》ふたりである。

もともと浦上宗景は、毛利氏とむすんで尼子氏と対立していたが、中国地方に毛利氏が勢力を広げてゆく過程で離叛し、大友氏や美作の三浦氏らとともに「毛利氏包囲網」にくわわったという。そのころ宇喜多直家は、宗景に属していた。

その後、義昭の働きかけに直家が協力し、元亀三年に毛利氏と浦上氏の和睦がいったんは実現するものの、ここまで何度か登場してきた尼子勝久・山中幸盛ら尼子再興勢力の挙兵に宗景が与《くみ》したことで、ふたたび宗景と毛利氏は敵対するに至る。しかし、いっぽうの直家は宗景とは袂《たもと》を分かち、毛利氏に協力する道をえらんだのである。

その後、宗景は信長の勢威《せいい》を頼り、天正元年十二月頃、信長から支配領域を保証する朱印状を獲得した。そのときの様子は、これまた何度も触れてきた安国寺恵瓊の書状のなかで触れられている。

それによれば、宗景が信長から与えられたのは「備（備前）・播（播磨）・作（美作）」三か国の支配を認めた朱印状であるという。しかし、備前には敵対する宇喜多直家がおり、美作には宗景と反毛利で協調している三浦氏もいる。播磨のばあいは、この書状の別の箇所から、同国三木《みき》城主の別所長治《べっしょながはる》も支配領域を保証されたことがわかり、そこでは「別所・宗景の儀も、当時持《とうじも》ちと相定め候」とある。「当時持ち」とは、その時点でそれぞれが支配している地域の安堵《あんど》ということだろう。

この三か国全域の領有が、いわゆる宗景の〝切り取り次第〟で認められた可能性もない

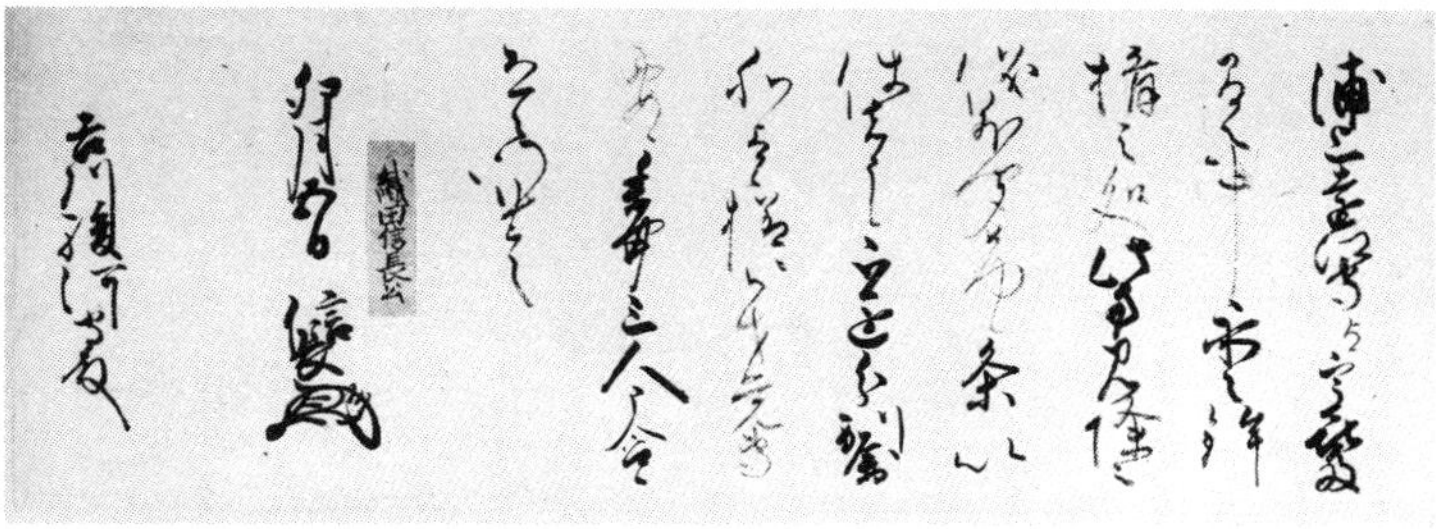

吉川元春宛織田信長書状〈『吉川家文書』吉川史料館（岩国市）所蔵〉

わけではないが、この三か国にまたがる領域の支配を認められたと、やや限定的に受けとめておきたい。

とはいえ信長が、反毛利の急先鋒《きゅうせんぽう》である宗景の後《うし》ろ盾《だて》となったことは、毛利氏にとって大きな衝撃だったに違いない。しかも、それから約一年後の天正二年十一月、それまで毛利方であった備中《びっちゅう》の領主・三村《みむら》氏もまた、毛利氏に叛旗《はんき》を翻《ひるがえ》したのである。備作地域の情勢は、毛利氏にとって望ましくない方向に動いていた。

その後、信長は天正三年四月頃、宗景と直家の和睦を画策し、そのための協力を吉川元春に要請している（『吉川家文書』七七号、上図版）。ところが毛利氏・直家は、宗景攻撃の手をゆるめなかった。信長の要請があった前後から、彼らは宗景の居城・天神山城の攻撃を開始し、これを陥落《かんらく》させる。宗景は隣国の播磨へと落ちのびた。

支援していた宗景が敗れたことについて、信長はどう対処したのだろうか。

天神山城をめぐる攻防がくりひろげられていた天正三年七月から九月にかけ、織田氏の軍勢は越前一向一揆攻めをおこなっていた。越前平定直後の九月二日に越前北庄《きたのしょう》に入った信長は、同国を柴田勝家らに分《わか》ち与えたうえで、従軍していた荒木村重《むらしげ》に対し、そのまま「播磨奥郡《おくぐん》」へ入り、人質を執《と》り固めてきなさいと命じている（『信長記』巻八）。

村重に与えられた役目は、播磨において信長に味方する領主たちから人質をとり、彼らが忠節を尽くすよう梃入《てこい》れするということだろうが、実際には右の『信長記』に書かれていない務めもあった。天神山城を追われた宗景が身を寄せた播磨の領主・小寺政職《こでらまさもと》に対して、九月十二日付で信長が出した書状によれば、宗景の居所《いどころ》を拵《こしら》えるために村重を派遣したとある（『花房文書』信六六〇号）。

その約一か月後の十月八日に、信長が長岡藤孝《ふじたか》に出した書状では、宇喜多氏の端城《はじろ》を追い払い、そこに宗景を置いて村重が帰陣したとある（『細川家文書』信五六三号）。但馬・山名氏の家臣が、吉川元春に宛てて出した書状には、宗景に兵粮《ひょうろう》を支援するため十月五日に村重が播磨に入ったという（『吉川家文書』九三号）。

つまり信長は、宇喜多氏が支配する城を攻略して奪ったうえ、その城郭《じょうかく》を整備して宗景の新たな拠点として提供し、彼が持ちこたえられるだけの支援をするといった軍事作戦を村重に命じたわけである。

宗景や播磨の小寺政職・別所長治らはその後上洛し、十月二十日、信長に拝謁《はいえつ》した（『信長記』・『吉川家文書』九三号）。このように信長は、備作地域における反毛利勢力の中心人物・浦上宗景を一貫《いっかん》して支援しつづけ、宗景も信長に臣従《しんじゅう》する道をえらんだのである。

対信長開戦の是非

備作地域における自らの敵対勢力（浦上宗景）を支援する織田氏に対して、毛利氏は、すくなくとも表面的には友好関係を維持しつづけた。輝元は、天正三年九月頃には宇喜多直家赦免《しゃめん》のことを、信長近臣《きんしん》の松井友閑《ゆうかん》に申し入れている（東京大学史料編纂所所蔵『戦国武将文書』）。

信長はこの年十一月に、権大納言《ごんのだいなごん》・右大将《うだいしょう》に任ぜられる。小早川隆景は、それに祝儀《しゅうぎ》を贈っている（『小早川家文書』二五九・三九三号）。また、翌天正四年三月から四月にかけて、元春・隆景両者より信長に対して、新年の祝儀も届けられている（『吉川家文書』五六二号）。四月一日付で秀吉が隆景に対して、年頭祝儀の御礼を申し送っており（『小早川家文書』三九六号)、これが両者の友好関係を示す最後の文書となっているようだ。

その裏で毛利氏は、遅くとも天正三年九月頃から、織田氏といくさを交えることになる可能性をかなり真剣に検討していたようなのである。

それまで天正元年と推測されていた年次比定《ねんじひてい》が、最近、戦国史研究者の森脇崇文氏によって同三年と推測され直した九月晦日《みそか》付の穂田元清《ほいだもときよ》(輝元の叔父)宛輝元書状において、輝元は、直家が毛利氏を見限《みかぎ》り信長につくことを警戒しつつも、信長が敵となったときには、ひとまず宇喜多氏を楯《たて》に防いでいれば、大事にはならないだろうと述べている(『長府毛利家文書』大十編之十八)。

因幡において毛利氏になお抵抗をつづけていた尼子勝久・山中幸盛を攻撃するため、山陰にあった元春は、十月二十一日に因幡の山名豊国の家臣・大坪氏に宛てた書状のなかで、次のように述べている(『中村碩男氏所蔵文書』)。

年内のことは、吉田(安芸にある毛利氏の居城)に集まり、「東西弓箭《きゆうせん》の儀」について相談したいと輝元からつづけざまに言ってきているので、まず吉田に参ります。

森脇氏は「東西弓箭の儀」を対織田戦争とするが、おそらくそうであろう。天正三年冬頃、毛利氏は昇任祝いを申し入れるなど、信長との友好関係を崩すことなく、いっぽうで家中において、織田氏と戦うことの是非《ぜひ》についてひそかに検討が開始されていた。

毛利氏、信長と対決へ

そうしたところ、天正四年二月頃、義昭が毛利氏の領国にある備後鞆《とも》に下向してくる。義昭は二月八日付の御内書《ごないしょ》において、元春に対し「信長の輝元に対する逆意《ぎゃくい》は明らかであるから、まずそちらに向かうことにする」と知らせてきた（『吉川家文書』四八九号）。

輝元がこれによりすぐ義昭を立てて、織田氏への敵対を決意したわけではないことには注意しなければならない。備前の領主・湯浅氏に対して出された二月二十二日付の書状で輝元は、次のように述べている（『湯浅文書』瀬四四四号）。

　備前・播磨の件では、去年以来、信長が考えを申し入れてきたこともあり、いま和睦の談合をしているところでありますが、このように公方様が下向してきたことで、信長がわたしたちに疑心《ぎしん》を持ち、境目地域に攻めこんでくるかもしれません。その時はこちらからも兵を出しますから、どうぞご協力ください。

これを見ると、宗景・直家の和睦交渉は、天正四年二月下旬の時点において、なお継続中であったことがわかる。だから輝元が兵を出すのは、あくまで義昭の鞆下向により毛利

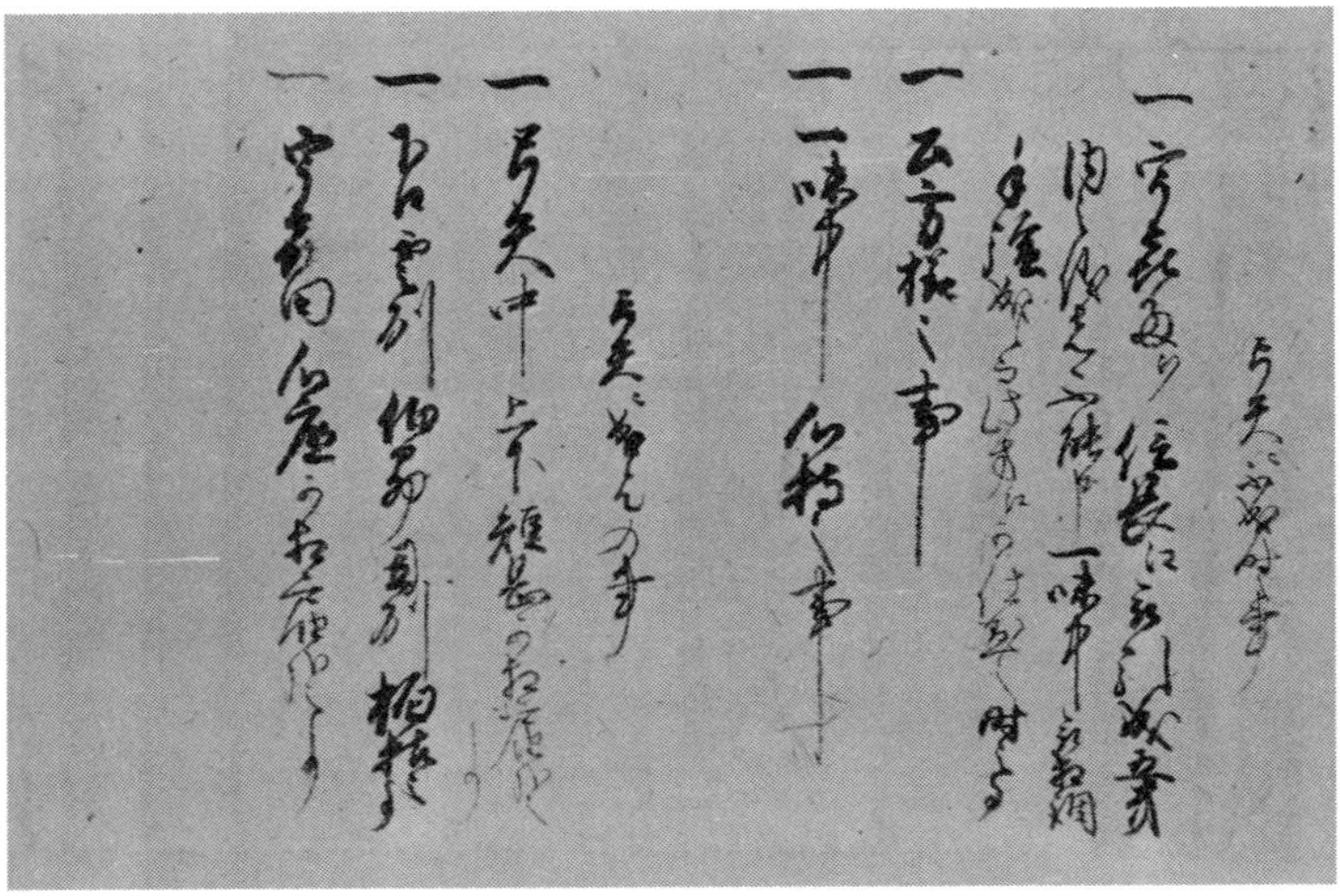

毛利氏織田信長和戦対策書〈『毛利家文書』毛利博物館（防府市）所蔵〉

氏を敵とみなした信長が攻めてきたとき、という条件があった。

だが結局、毛利氏は談合の結果、五月に義昭の要請を受諾することを決め、従属していた領主たちにも協力を求めた（『長府毛利家文書』五月七日付穂田元清宛輝元書状・『熊谷家文書』一六九号など）。この決定も、毛利家中においてさまざまな可能性が検討されたすえに下されたことが、残された文書からわかっている。

『大日本古文書』において「毛利氏織田信長和戦対策書」と名づけられた文書が、それに該当すると考えられている（『毛利家文書』三三六号、上図版）。これは現在で言えば、会議にあたり議長が、あらかじめその日の会議の内容について、出席者に示しておいた議事メモのようなものであり、箇条書きで「こうなったときに、どうすべきか」という選択肢と想定が簡潔に書かれているにすぎず、解釈がむずかしいところもある。

右の対策書は「弓矢（合戦）にならないとき」「弓矢になったとき」の大きくふたつの仮定にそって、毛利家中として考えるべきことがらが示される。

前者ではまず、「宇喜多氏が織田方となり、織田氏が五畿内はもとより家中が結束して手強くなり、こちらに仕掛けてきたとき」に、毛利氏はどう対応するかという検討議案が書かれている。合戦にならないときの対応の箇所に書かれているから、織田氏が強力な支配圏を確立したばあいの、毛利氏としての外交方針ということなのだろう。

そのほか挙げられているのは、義昭の処遇（をどうするか）、毛利家中の考え方（をどうまとめるか）である。

合戦になったときには、合戦の最中に毛利家中の統制がとれるかどうか、出雲・伯耆・因幡をどのように維持してゆくか、直家をいかにしてこちらにつなぎとめておくか、という三点が書き上げられている。

右に紹介した毛利家中における討議内容については、簡潔な文章であるゆえ、右に示した以外の解釈も可能であろう。ただ確実に言えるのは、くりかえしになるが、毛利氏は織田氏と友好関係を保っていた裏で、つねに交戦の可能性も検討していたことである。

なぜ信長は輝元に裏切られたのか

毛利家中が織田氏との戦いも覚悟するなど、さまざまな可能性を検討していたことを、信長は予想だにしなかったであろう。この点、信玄や謙信のばあいと共通している。

毛利氏が本願寺に対して、海路から兵粮を支援しているらしい、という情報が信長の耳に入り、もしそれが本当ならば、当方の船を出して撃退するようにと発令したのは、天正四年の五月二十三日のことである（『萩原員崇氏所蔵文書』信六四二号）。この文書のなかですら、「もし本当ならば」（「事実においては」）と、完全に信じてはいない。

こうした信長の態度を〝油断〟と表現してよいのだろうか。

毛利氏が吉田に集まって「東西弓箭の儀」を談合しようとしていた天正三年の冬、信長は織田家の家督《かとく》を嫡男《ちゃくなん》の信忠に譲った（『信長記』）。十一月二十八日のことであった。

ちょうどおなじ日、信長はそれまで関係のなかった関東・陸奥《むつ》の諸大名に宛て、武田氏攻めの協力を要請する書状を一斉《いっせい》に出している（『東京大学文学部所蔵雑文書』『飯野家文書』

『歴代古案』信六〇七─六〇九号)。

その取次役となっていたのは、信濃守護家の系譜《けいふ》を引き、当時、信長の庇護下《ひごか》にあった小笠原貞慶《さだよし》であった。信長が貞慶に宛てた同日付書状の写しも残っており、そのなかに興味深いことが書かれている(『小笠原系図所収文書』)。

その書状では、五月の長篠の戦い、八月の越前一向一揆攻めに大勝したこと、直前に成就《じょうじゅ》した美濃・岩村城攻めの戦果などを報告したあと、五畿内情勢にくわえ周辺諸大名との関係について言及されている。たとえば「奥州伊達《おうしゅうだて》(輝宗《てるむね》)とは、かねがね連絡を取り合っている」といったような具合である。

そのなかで信長は、毛利氏との関係についても書いている。「中国の儀、分国として毛利・小早川ら家人の姿に候」(中国のことは、自身の分国として、毛利氏・小早川氏は家人のようなものである)というのだ。

東国諸大名への取次役を任せた貞慶に対し、彼を通じて東国へそう喧伝《けんでん》されるように、やや大風呂敷を広げた感がないわけではないけれど、ほぼおなじ時期、輝元を中心とした毛利家中の主だった面々が、戦争の是非を談合している状況のいっぽうで、相手を「家人の姿」であると豪語する信長がいる。際だって対照的な姿ではあるまいか。

そもそも毛利氏が織田氏との対決を決断した大きな原因は、備作地域における反毛利勢力の中心である浦上宗景を信長が支援しつづけたことにあった。これにくわえて、山陰の因幡・但馬地域における紛争が、双方の思いどおりにゆかない(そこで反毛利の動きを見せる尼子再興勢力が、信長を頼ろうとしていることへの警戒)ことも作用しているかもしれない。

このまま備作地域において宗景を織田氏が、直家を毛利氏が支援しつづけることがいかなる結果をもたらすのか。本来、友好関係にある織田氏・毛利氏の関係にいかなる影響を及ぼすのか。毛利氏にはその点の冷静な見通しがあったのに対し、信長はあまりに楽観的であったと言わざるをえない。

見えてきた〝裏切られ〟の理由

信玄のばあい、第二章で述べたように、信長が武田氏・上杉氏・徳川氏いずれとも同盟関係にあり、同盟相手同士が敵対しても、そのまま手をこまねいていたことが、信長を裏切った一因であった。さらに岩村の遠藤氏に対する問題もあった。謙信のばあいも、第三章で述べたように、双方の「境目」地域である越中・越前情勢が敵対の原因となったと指摘する柴氏の研究がある。

これに本章で見てきた毛利氏の事例を合わせてみれば、どうも信長は、ほかの戦国大名と接する領域にある中小領主の動向への対処、「境目」地域への対処がきわめて甘かった、言い方を変えれば拙《まず》かったように考えられる。

すべての勢力と同盟関係をむすんだり、ひとつの勢力にだけ肩入れして、その考え方を変えない不器用さ、一本気な面。これは、ある意味誠実であるとも言え、相手によっては頼りがいのある存在と見なされることもあろうが、外交という局面における状況判断の甘さ、平衡《へいこう》感覚の欠如《けつじょ》があると言われても仕方がない。

また、(これは当たり前かもしれないが)裏切られるまで、その気配に気づかないという〝油断〟も特徴として見られる。これは裏返せば、相手が自分を裏切るとはつゆほども疑っていない、相手を心底《しんそこ》信用しているということなのかもしれない。

状況判断・平衡感覚の問題は、外交の得手不得手《えてふえて》という政治権力者の資質に、後者の信用うんぬんは、信長の性格という人間論につながる問題となるだろうか。

ここまで四章にわたり、信長が他の戦国大名に裏切られた事例を検討してきた。その結果、なぜ裏切られたのかという原因が、おぼろげながらあぶり出されてきたように思う。

次の第五章・第六章は、家臣による裏切りの事例になる。はたして、ここまでの観察でわかってきた裏切りの原因が、家臣のばあいにも当てはまるのだろうか。

第五章　松永久秀と荒木村重

——家臣の裏切り

第5章／略年表

永禄７年(1564)	７月	三好長慶没。松永久秀、三好氏の中心的存在となる。
永禄９年(1566)	８月	大和柳生宗厳が信長に出した書状中に信長と久秀が連携していることが記される。
永禄10年(1567)	12月	信長、興福寺在陣衆に義昭上洛にあたり久秀と協力していることを伝える。
永禄11年(1568)	９月	信長、足利義昭を擁して上洛する。
	同	久秀、信長に息女を嫁入り(人質)のため遣わす。
	同	久秀、信長に九十九髪茄子を進上する。
元亀元年(1570)	10月	久秀、信長と三好三人衆の和睦を仲介する。
元亀２年(1571)	６月	久秀・三好三人衆ら、信長・義昭から離叛し、河内畠山昭高を攻める。
元亀４年(1573)	３月	荒木村重、義昭から離叛し、信長に従う。
	７月	元亀から天正に改元される。
天正元年(1573)	11月	三好義継、河内若江城において自害する。
	12月	久秀父子、信長に降伏し、大和多聞山城を差し出す。
天正２年(1574)	１月	久秀、岐阜に赴く。
	３月	村重、信長の東大寺正倉院蘭奢待切り取りに奉行として同席する。
	11月	村重、摂津伊丹城に入り、地名を有岡と改める。
天正３年(1575)	９月	信長、播磨に村重を派遣し、宗景への支援を行う。
天正４年(1576)	５月	村重、信長より命じられた本願寺攻めにおける先陣を辞退する。
	同	久秀、佐久間信盛らとともに天王寺の城番となる。
天正５年(1577)	８月	久秀、天王寺から兵を引き払い、信長に敵対して大和信貴山城に籠もる。
	10月	久秀父子、信貴山城を攻められ、自害する。
	同	羽柴秀吉、中国方面軍司令官として播磨姫路城に入る。
	12月	秀吉、播磨上月城を落とし、守将として尼子勝久・山中幸盛を入れる。
天正６年(1578)	４月	毛利氏、上月城攻撃を開始する。
	５月	吉川元春、上月城攻めの陣中に送られた和歌のことを安芸の僧に伝える。
	10月	村重、信長を裏切る。信長、村重を慰留しようとする。
天正７年(1579)	９月	村重、有岡城を脱出して摂津尼崎城に入る。
	11月	信長、村重および家臣の一族等を処刑する。

『信長記』に描かれたふたつの悲劇

織田信長の家臣・太田牛一《ぎゅういち》が信長の没後完成させた『信長記』は、信長の事跡《じせき》を伝えた記録として、きわめて高い信頼性をもっているとされる。『信長記』があるからこそ、ここまで詳しく信長というひとりの人間の足跡や人間性が伝えられ、彼の一生がわたしたちになじみ深いものとなっているのである。

歴史的事実の記録として信頼しうる『信長記』であるが、そのなかにときおり、いくさや政治むきの話とはあまり関係なさそうな、奇妙な挿話《そうわ》がまぎれこんでいることがある。たとえば、信長の上洛以前の記録『信長公御入洛無《なき》以前の双紙』（いわゆる「首巻」）にある「蛇池《じゃいけ》」の話や、天正三年のことが記された巻八にある「山中の猿」の話などがそれである。

蛇池とは、尾張のとある池で怪物のような大蛇を目撃した者があり、信長がそれを見きわめるために池浚《さら》いを命じ、最終的には自ら刀をくわえて水中に潜り、その不在を確かめた、という話。

山中の猿とは、美濃・近江の国境にある山中という村に、源 義朝《みなもとのよしとも》の愛妾《あいしょう》・常盤御前《ときわごぜん》を殺害した者の子孫が、貧しく不幸せに暮らしていることを通りがかりに知った信長が、彼らに施《ほどこ》しを与えたという話である。

蚰池のばあい、その地を領していた佐々成政《さっさなりまさ》の謀叛《むほん》の企み（これまた裏切りの話だが、ここでは触れない）をはからずも回避したという後段への伏線となっているので、信長の運の良さを示したいのだろうし、山中の猿のばあい、信長の慈悲《じひ》深さを称《たた》えたいのだろう。つまるところは、信長賛美の話柄《わへい》なのである。

いっぽうで、愁嘆場《しゅうたんば》とでもいうべき涙を誘う悲劇的な場面もある。その代表が、信長を裏切った松永久秀《ひさひで》・久通《ひさみち》父子の人質（久秀の孫・久通の子息）が、京都で処刑される場面であり、おなじく信長を裏切った荒木村重《むらしげ》の妻たしをはじめとした一族子女が、同様に処刑される場面である。

松永氏のばあい、人質となった子息たちが死の間際《まぎわ》に、親兄弟に対し文《ふみ》を書き遺《のこ》しなさいと勧められたにもかかわらずそれを拒否し、かわりに、預けられた先の者に、これまでの恩を謝《しゃ》した文を記《しる》し置き、けなげにあの世へ旅立っていった場面が涙を誘う。

これにつづけて牛一は、「見る人肝《きも》を消し、聞く人も涙せきあえず。哀《あわ》れなる有様《ありさま》中々目もあてられぬ様躰《ようてい》なり」と同情的な筆致《ひっち》で彼らの死を記すが、別の箇所で、これは久秀が東大寺大仏殿を焼き払った悪行《あくぎょう》の報いであることが語られている。

村重のばあい、信長に叛意《はんい》を示し一族妻子を捨てて居城・有岡《ありおか》（伊丹《いたみ》）から尼崎《あまがさき》へ移ったあと、有岡に残された妻たしら女性たちが詠《よ》んだ辞世《じせい》の歌などが列挙され、彼女たちが処刑される様子に至るまでが念入りに描写されるなど、この事件に対する牛一の関心は異様に高く、その筆先からほとばしる哀《かな》しみの深さが見てとれる。『信長記』のなかである意味、浮いているくだりであると言って過言ではない。

もっとも、村重自身に対してもまた牛一は、村重が信長に敵対したのは「天罰を蒙《こうむ》」ったゆえであり、たし以下の子女たちが罪もないのに殺されたのは、村重ひとりのしわざであるときびしく指弾《しだん》している。

信長の軍記作者である牛一に、ここまでの悲劇を綴《つづ》らせることになった松永久秀と荒木村重の裏切りは、いかなる状況で起き、彼らがなぜ信長を裏切ることになったのか、ここまでの章で明らかにしてきた、戦国大名による信長裏切りの原因にも注意しながら、本章で考えてみたい。

松永久秀と信長の関係

松永久秀は、信長が足利義昭《よしあき》を擁して上洛する以前に京都を支配していた三好氏の重臣であり、主君の三好氏をしのぐ権力をもっていたともされる人物であった。

この時期、日本に滞在していたイエズス会の宣教師ルイス・フロイスは、彼のことを「偉大にして稀有《けう》の天稟《てんぴん》の才能の持主」「知識、賢明さ、統治能力において秀《ひい》でた人物」「はなはだ残酷な暴君」などと表現している（『フロイス日本史』）。

暴君とされたのは、久秀が熱心な法華《ほっけ》教徒であったためだという。もともと三好氏の家長である長慶《ながよし》の右筆《ゆうひつ》であったとされており、そこから頭角を現したことを考えれば、久秀はあらゆる面において有能な人物であったのだろう。

永禄《えいろく》七年（一五六四）に長慶が没したのちは、三好氏の中心的存在となったものの、その跡を継いだ義継《よしつぐ》や、いわゆる「三好三人衆」と呼ばれた三好氏家臣《かしん》たち（三好長逸《ながやす》・同宗渭《そうい》・石成友通《いわなりともみち》）との複雑な権力抗争の過程で、信長に近づくことになる。

谷口克広氏によれば、義昭が最初に上洛を画策した永禄九年八月時点で、すでに久秀と信長のむすびつきが見られるという。大和の国衆・柳生宗厳《やぎゅうむねよし》に信長が初めて出した書状のなかに、すでに信長が久秀と連携していることが書かれている（『柳生文書』信九四号）。久秀は三好氏家臣の時代以来、大和の信貴山《しぎさん》城・多聞山《たもんやま》城を拠点として、同国に勢威《せいい》をふるっていた。

翌永禄十年十二月に、信長が奈良・興福《こうふく》寺の在陣衆《ざいじんしゅう》に宛てた朱印状のなかで、義昭を擁して上洛するにあたり（実際に上洛したのは、後述のように十一年九月のこと）、信長と久秀が協力しあう約束を交わしたので、大和国内において久秀に協力してほしい、と要請をおこなっている（『柳生文書』信八二号）。

谷口氏はこうした信長と久秀の関係について、上洛後に久秀を使って大和を制圧する予

「弾正忠松永久秀」
〈月岡芳年『芳年武者无類』／東京都立図書館所蔵〉

定であることを見越しての同盟であり、信長は久秀という人物の利用価値を見抜いていたと指摘する。久秀としても、大和支配や三好氏内部で対立する三人衆への対抗上、信長（さらに義昭）とむすぶことに利があると考えての同盟だったのだろう。

上洛後もふたりは、ひきつづき友好的な関係を維持している。上洛直後の永禄十一年九月、久秀は室広橋《ひろはし》氏（公家・広橋国光《くにみつ》の妹保子《やすこ》）とのあいだに産まれた娘を、祝言（嫁入り）と称して信長へ遣《つか》わした。このことを記す興福寺の僧侶の日記『多聞院日記』には、彼女を「人質」とも表現している。

その直後、久秀は義昭・信長と会《かい》し、大和一国の支配権を認められている（ただし牛一が『信長記』とは別に記した『大かうさまくんきのうち』では「やまとのくに（大和国）はんこくくたされ（半国下され）候」とある）。『信長記』（巻一）には、信長の上洛時、久秀は所持していた茶入《ちゃいれ》の「つくもがみ」（九十九髪茄子）を進上したとある。

このように「人質」や名物茶入の進上といった事例から、信長上洛にあたり久秀は信長に降参したと考えられがちだが、近年、精力的に三好氏の研究を進めている戦国史研究者の天野忠幸氏は、これを事実誤認であるとする。まったくの対等な立場での同盟と言えるかどうかはともかく、天野氏が指摘するように、この時点で信長に久秀が従属《じゅうぞく》したとまでは言えないようである。

信長と同盟する畿内大名として、久秀はかつて自らと袂《たもと》を分《わ》かち、信長と敵対していた三好三人衆と信長との和睦を仲介している（『尋憲記』）。元亀元年（一五七〇）十一月頃のことである。このとき、先に触れた「人質」の久秀娘が信長の養女となって、三好長治《ながはる》（長慶の甥《おい》・阿波三好家の当主）に嫁入りする手はずとなっていたようだ。このことを見ても、久秀と信長の関係は近しい。

ところが元亀《げんき》二年に入り、久秀は義昭・信長から離叛《りはん》して三好三人衆とむすび、義昭方の畠山昭高《はたけやまあきたか》の城である河内《かわち》・交野《かたの》城を攻めた。天野氏は、このとき久秀が離叛した原因を、義昭が九条家の娘を養女にして、久秀の大和における敵・筒井順慶《つついじゅんけい》に嫁がせたことにあるのではないかと指摘する。この大和における順慶・久秀の対立という状況は、頭に入れておきたい。

その後、三好氏の当主・義継もまた、義昭・信長から離れて久秀らとむすんだ。さらに元亀四年に入って、義昭と信長との対立が顕在化《けんざいか》すると、義継・久秀はふたたび義昭方について、信長に敵対する道をえらぶ。

元亀四年五月、信長・家康に敵対して進軍していた武田信玄（ただし、この時点で信玄は没している）に対し、久秀の家臣・岡周《おかす》防守《おうのかみ》が書状と弓などを送って、対信長の協力を約した書状が残っている（『武州文書』武一七〇九号・『荒尾家文書』武一七一〇号）。

その後は、ここまで何度か述べてきたように、信玄が没し、信長は義昭を追放して、朝倉義景と浅井長政を討った。畿内における反信長勢力であった三好義継もまた、同年十一月に家臣の裏切りにあい、河内・若江《わかえ》城において自害して果てた。

その結果、久秀・久通父子は信長に降伏を申し出る。天正《てんしょう》元年（元亀四年）年末のことである。信長は「つらにくき子細《しさい》」（見るからに憎《にく》らしいこと）だが、今回は久秀らの詫《わ》びを受け入れることにし、久通の子を人質に出し、さらに多聞山城を差し出して、久通は信貴山城に入るという条件で、彼らを許した（『大阪銀装文明堂所蔵文書』信補遺三五号）。久秀は岐阜に赴《おもむ》き、不動国行《ふどうくにゆき》なる銘刀《めいとう》を信長に進上した（『多聞院日記』・『信長記』巻六）。

これで久秀・久通父子は完全に信長の軍門《ぐんもん》に降り、以後、従属を余儀《よぎ》なくされたわけだが、信長が彼らを生かしたのは、そもそも敵対した直接の相手が義昭であり、信長を裏切ったわけではなかったからだろうか。

自らを裏切った人間には容赦《ようしゃ》しない信長だが、今回のばあいは、久秀の利用価値というよりも、敵対に至る経緯が許せるものであったからなのかもしれない。

久秀再度の離叛とその原因

その後、久秀・久通は大和守護《やまとしゅご》に任ぜられた塙《はのう》（原田）直政《なおまさ》らとともに、大和十市郷のうち三分の一を信長から与えられ、また、天正四年五月に本願寺を攻撃したあと、佐久間信盛《のぶもり》らとともに天王寺《てんのうじ》の城番《じょうばん》として置かれるなど、信長麾下《きか》の一部将として活動する。

しかし、それも長くはつづかなかった。翌天正五年の八月、在番《ざいばん》として置かれていた天王寺の砦《とりで》から勝手に兵を引き払って、居城の大和・信貴山城に籠城《ろうじょう》し、信長に背《そむ》いたのである。

『信長記』（巻十、次頁図版▼の行）によれば、信長は松井友閑《ゆうかん》を使者として、「何篇《いずれへん》の子《し》細《さい》候や。存分申し上げ候わば、望みを仰せ付けらるべきの趣《おもむき》」（どんな事情があるのか、そちらの存分を申し上げれば、望むことを仰《おお》せ付けよう）と久秀らに伝えたところ、すでに逆《ぎゃく》心《しん》を固めていたので、返答がなかったという。そこで本章の冒頭に述べたような、人質にしていた久通子息の処刑に至る。

信長に信貴山城を攻められ、久秀父子が壮絶な自害を果たしたのは、天正五年十月十日

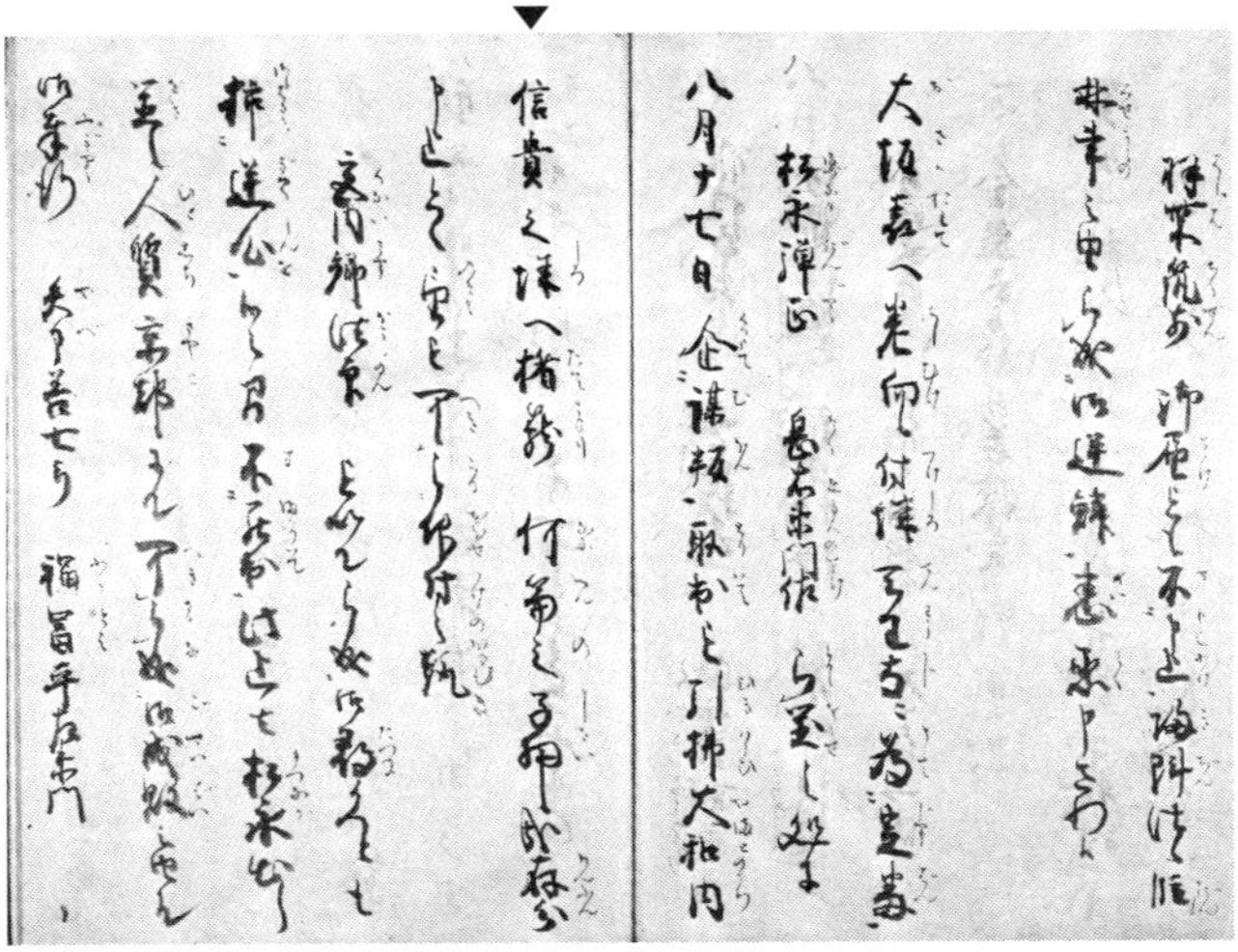

『信長公記・巻十』久秀裏切りの場面〈建勲神社（京都市）所蔵〉

のことだった。この日は、かつて久秀が東大寺大仏殿を焼き払ったのとおなじ日であり、牛一は「大仏殿炎焼の月日時刻易《かわ》らざる事、偏《ひとえ》に春日明神の所為《しょい》なりと諸人舌を巻く事」と記している（『信長記』）。興福寺の僧侶は、久秀が大和に入国してから悪逆《あくぎゃく》の限りを尽くしたありさまを記し、信貴山城の落城を喜んでいる（『多聞院日記』）。

右の久秀裏切りの場面で注目したいのは、裏切りの報を聞いても、信長はすぐさま彼らを攻撃するといった行動に移ることなく、いったんは彼らの言い分に耳を傾けようとしていることである。望みがあればそれを叶《かな》えよう、とまで言っている。裏切り者に容赦しない酷烈《こくれつ》な一面とは、また違った信長の姿である。

結局、久秀父子が信長を裏切ったのには、どんな理由があったのだろうか。

これもまた天野氏の指摘であるが、大和における筒井順慶の重用《ちょうよう》という、久秀が反発した義昭の路線を、信長も継承《けいしょう》したためではないかという。信長は天正三年二月に、娘か妹かとされる女性を順慶のもとへ嫁《とつ》がせ、姻戚《いんせき》関係をむすんだ（『多聞院日記』）。こうした信長の「不可解な人事」に不満を募らせていたところに、本願寺や義昭からの調略《ちょうりゃく》を受け、久秀は離叛を決断したのではないかというのである。

それぞれの地域で対立する領主たちの思惑《おもわく》などを信長はさして気づかうことなく、平気で対立する双方と同盟をむすんだりすることにより、結果的に領主の離叛をまねくという構図は、前章で見た、備作地域における浦上宗景《むねかげ》と毛利氏の事例によく似ており、右の天野氏の推測は成り立ちうるのではないかと思っている。

大和において信長は、それまでの領主である松永氏のみならず、興福寺の有力宗徒《しゅうと》としてこれと対立していた筒井氏とも密接なつながりをもった。そればかりか、子飼《こが》いの家臣である塙直政を守護として送りこむことまでしている。

『信長記』に記される、久秀離叛を知った信長の反応を見ても、松永氏をわざとないがしろに扱って離叛させようとしむけたようには思えない。それぞれの地域情勢を度外視《どがいし》して事を進めようとする姿勢に無理があり、その地を支配する領主それぞれに対する配慮が不十分であった、と言わざるをえないのである。

信長家臣としての荒木村重

それでは、久秀自害の約一年後にあたる天正六年十月に信長を裏切った荒木村重のばあいはどうなのだろうか。次に見てゆきたい。

もともと村重は、摂津《せっつ》の池田《いけだ》城に拠《よ》った国衆・池田勝正《かつまさ》に属する武士であった。勝正はもともと三好氏に仕え、義昭・信長の上洛当初はこれに抵抗したものの、すぐに開城して降り、その後は義昭に従った。

村重も勝正家臣として義昭・信長方の一員として活動し、三好三人衆とのいくさにくわわっている（『信長記』巻二）。その後、勝正は一族の内紛などにより出奔《しゅっぽん》するなど立場は不安定であり、のち義昭にふたたび仕えることになったようだが、村重は池田氏を離れ、元亀四年における義昭・信長の対立のさい、幕臣であった細川藤孝《ふじたか》と一緒に信長方につく道をえらんだ。

その年三月に信長が上洛してきたとき、村重・藤孝の両人は逢坂《おうさか》に馳《は》せ参《さん》じ、これを迎えた。ふたりの帰参《きさん》を喜んだ信長は、村重に「大ごう」（越中《えっちゅう》の刀工《とうこう》・郷義弘《ごうのよしひろ》作）の刀を授けたという（『信長記』巻六）。

その後、彼は天正二年に摂津・伊丹城を落として同城に入り、ここを「有岡」とあらためて自身の本拠とし（『細川家文書』『年代記抄節』ほか）、信長から同国の支配を委《ゆだ》ねられた。

「荒木摂津守村重」
〈落合芳幾『太平記英勇伝』／東京都立図書館所蔵〉

同年三月に信長が奈良を訪れ、東大寺正倉院に収める御物《ぎょぶつ》である名香《めいこう》・蘭奢待《らんじゃたい》を切り取ったとき、「御奉行」として連なった信長重臣たちのなかにも、その名前が見える。信長に従って間もないにもかかわらず、このように優遇されるのだから、松永久秀と同様、有能な人物であったことがうかがわれる。

谷口克広氏は、右のように摂津一国を任される立場にあったことにくわえ、イエズス会宣教師が「信長部下の大身の一人」「収入及び所領多く甚《はなは》だ強勢なる異教徒」と称していることを紹介し、「柴田勝家ら信長重臣の当時の支配圏と比べても、勝《まさ》るとも劣《おと》らない勢力」であったと評している。

摂津を支配したということもあって、織田氏のなかで、隣国の播磨《はりま》や、それ以西の案件に対処する役割もあったようである。第四章で述べたように、天正三年十月頃には、居城の備前《びぜん》・天神山《てんじんやま》城を追われた浦上宗景のため、宇喜多《うきた》氏の端城《はじろ》を攻略して播磨国内に拠点を構築してあげたり、播磨の国衆から人質を集めたりするなどの任務をおこなっている。

天正三年末に一時、信長と和睦していた大坂本願寺が、翌四年ふたたび叛旗《はんき》を翻《ひるがえ》し、その後、毛利氏が本願寺に味方し信長に敵対して以降は、対本願寺、対播磨の軍事行動や外交折衝《せっしょう》も村重が担当している。

たとえば、信長に従っていた播磨・御着《ごちゃく》城主の小寺政職《こでらまさもと》が、天正五年五月に毛利軍と同国英賀《あが》に戦い、これを破ったとき、信長は政職の戦功を賞した内容の黒印状《こくいんじょう》を村重宛に出し、村重はそれを受けて、政職の家臣・小寺官兵衛尉《かんべいのじょう》（黒田孝高《よしたか》）へ伝達している（『黒田文書』信七一四号）。これら一連の経緯を見ると、小寺氏は戦果の注進状をまず村重に対して送り、村重は安土《あづち》城において、信長にこれを報告したらしい。

その後、同年十月に羽柴秀吉《はしばひでよし》が中国担当の将として播磨・姫路《ひめじ》城に入ることになるが、それまでは村重が、その役割を担《にな》っていたのである。

村重離叛の真相

村重が負っていた役割を果たすべく、秀吉が中国担当（谷口氏の表現を借りれば中国方面軍司令官）となり姫路に入る。村重裏切りの原因を考えるとき、やはりこの一件をまったく関係のないものと無視することは、できないのではあるまいか。

谷口氏は、村重裏切りの原因に関するこれまでの説を三つ紹介している。

第一に、村重過失説。家臣が本願寺に兵粮《ひょうろう》を売ったことで、村重が信長から嫌疑《けんぎ》を受けたという。第二に、光秀陰謀説。光秀が自分の謀叛《むほん》計画のなかで、邪魔になる村重を背かせて、葬《ほうむ》り去ろうとしたという。第三に村重が、信長に従っているより毛利氏についたほうが自分を活かせるとふんで一か八かの賭けに出た、という徳富蘇峰《とくとみそほう》の説である。

このなかで谷口氏は、真相は第三の説に近いのではないかとし、中国方面軍司令官などの座を秀吉に奪われ、信長家臣としての将来に失望したのが原因ではないかと推測する。

先に松永久秀裏切りの原因についての説を紹介した天野忠幸氏もこれに近く、村重の離叛も久秀裏切りに通底《つうてい》し、秀吉登用《とよう》という信長の「不可解な人事」が、それをまねいたと指摘する。

いわば信長の家臣統制のあり方に難があり、それが原因で村重が裏切ったという可能性が浮上してきた。天正五年十月における秀吉の姫路入りから、翌六年十月の村重裏切りまで一年という時間がある。この間いかなることがあったのかをもう少し眺《なが》めてみたい。

播磨経略《けいりゃく》を任され十月二十三日に出陣した秀吉は、播磨の国衆たちから人質を集め、十一月十日頃には播磨平定《へいてい》が一段落するだろうと信長に注進している。その十一月に入ると、播磨佐用《さよう》郡にある毛利方の赤松氏の城上月《こうづき》城への攻撃に取りかかった。赤松氏支援に駆けつけてきた宇喜多氏の軍勢を破り、十二月に落城させている。その後、同城の守将として尼子勝久・山中幸盛らが置かれた（『信長記』巻十）。

ところが、年が明けた翌天正六年四月、毛利氏の軍勢が大軍をもって上月城を取り囲み、攻撃を開始したのである。これに対して信長は、支援のため秀吉にくわえ村重も派遣し、ふたりが率いた軍勢は、熊見川《くまみ》（現在の千種川《ちぐさ》）を挟《はさ》んで東に位置する高倉山《たかくらやま》に布陣したものの、谷を隔《へだ》てての対陣であったため有効な手が打てず、孤立無援の上月城は七月に落城した。

谷口氏は、村重がすでにこの出陣のとき毛利氏に内通していたのではないかという興味深い推測をしている。その根拠として「信頼の限りではないが」と限定つきで挙げているのが、軍記『陰徳《いんとく》（太平《たいへい》）記』である。六月に毛利軍と戦ったとき、村重は横合いから攻撃する好機があったにもかかわらず傍観《ぼうかん》していた。これは村重に「存ずる旨」があったからなのだろうというのである。

皮肉られる村重

『陰徳記』は後世に成立した軍記であり、谷口氏も全幅の信頼を置いていないものであるから深入りはしないが、いまひとつ谷口氏が有力な根拠として挙げているのは、このとき毛利軍の上月城攻めに参加していた吉川元春《もとはる》の嫡男《ちゃくなん》・元長《もとなが》が、吉川氏の菩提《ぼだい》寺である安《あ》

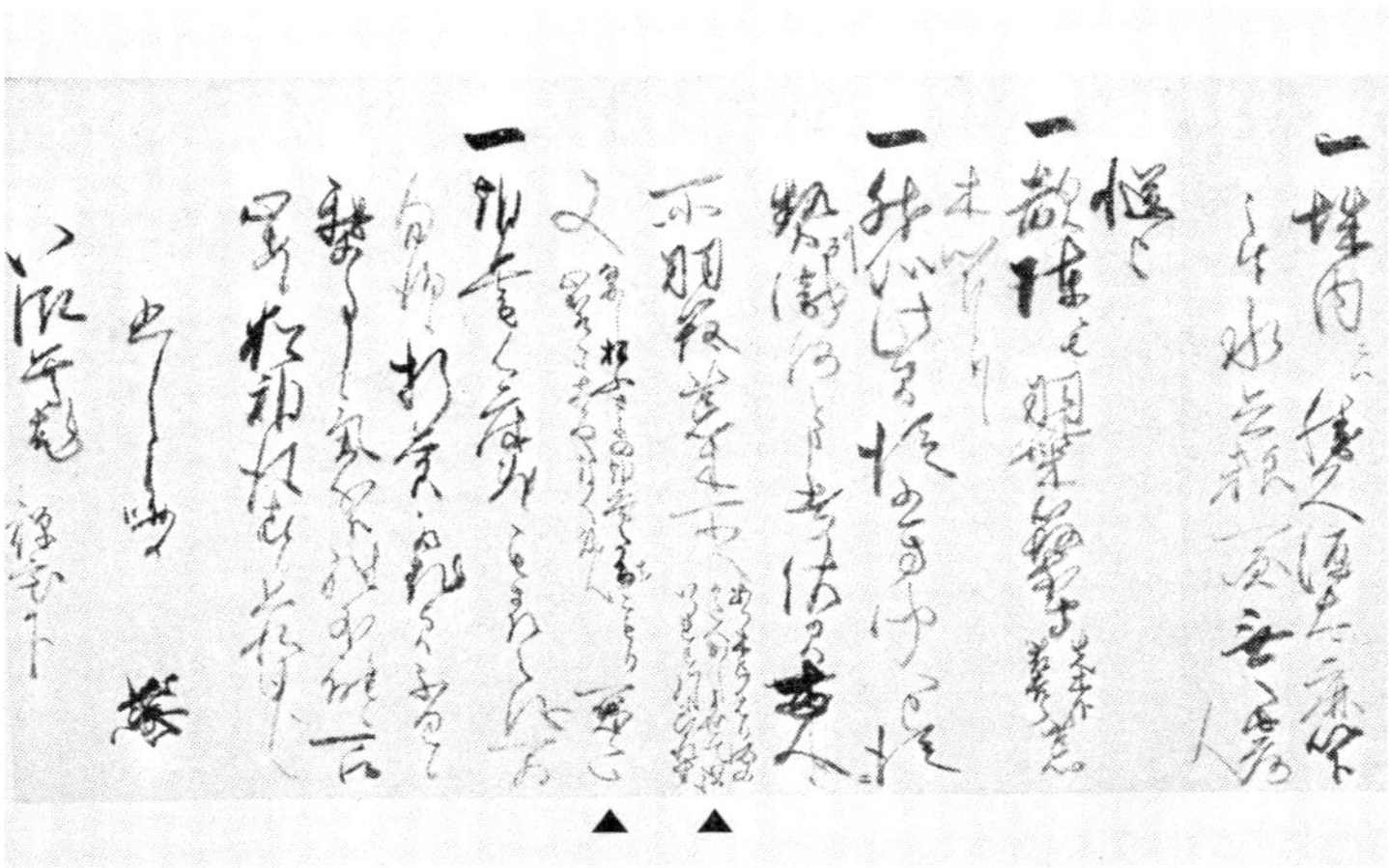

以徹宛吉川元長自筆書状
〈『西禅永興両寺旧蔵文書』吉川史料館（岩国市）所蔵〉

芸《き》・西禅《さいぜん》寺の住持に宛てた（天正六年）五月晦日《みそか》付の自筆書状である（『吉川家文書別集西禅永興両寺旧蔵文書』八二号）。この文書は面白いので以下検討してみよう。

このなかで元長は、上月城内には勝久や幸盛らがおり、水や兵粮が尽きていること、敵陣には秀吉・村重らがいるといった情報を伝えたあと、次の二首の和歌を書き記している（上図版▲の行）。

あら木ゆみはりまのかたへおしよせてい
るもいられす引もひかれす

なにしおふさよの朝霧たちこもり心ほそ
くもしかやなく覧《らん》

谷口氏は「あら木ゆみ」の歌を取りあげ、これが「すでに毛利氏に内通している村重の立場を皮肉った歌と解釈するのは無理でなく、むしろ自然」とする。しかし、この歌のくだりには前段がある。

書状によれば、元長はこの歌を某人から聞いたとして、「勢州瀧河《せいしゅうたきがわ》と申す者佐間《さま》両人の所より羽筑・荒木所へ」届けられた歌だというのである。ここに登場する瀧河とは、信長家臣・滝川一益《かずます》のことだろう。「佐間」とは、佐久間信盛《さくまのぶもり》を指すのではないだろうか。

つまり、この歌は上月城支援に手をこまねいている秀吉・村重両人を、織田家中の同輩である一益・信盛が揶揄《やゆ》した歌として、元長の目に触れたものなのだ。

ただし歌をよく読むと、「あら木ゆみ」の歌が標的にしているのは村重一人である。「あら木（の）弓」とは荒木（加工していない木）で作った弓、丸木弓《まるきゆみ》、強弓《つよゆみ》を意味する語であり、村重の率いた軍勢をも指すのだろう。「はりま」は播磨と弓を張ること、「引」はいくさの駆け引き（もしくは兵を引くこと）と弓を引くことに掛けた、まことによくできた歌である。

後者の「なにしおふ」の歌は、説明するまでもなく、来援《らいえん》がなく困惑する山中鹿之助と、立ちこめた朝霧に心細く鳴く鹿をかけた歌であろう。佐用町のホームページによれば、同町は周囲を山に囲まれた盆地にあり、晩秋から冬にかけての早朝に出現する霧は、「佐用の朝霧」として、現在も観光の目玉となっている。

右の二首の歌を見ると、皮肉られているのが村重だけであることが気にかかる。そもそも村重は、いくさ上手だったのだろうか。

ひとつ気になるのは、『信長記』（巻九）に見える、天正四年五月に信長軍が大坂本願寺を攻撃したときの挿話である。信長は、村重に先陣を命じた。ところが村重は、「われわれは木津口《きづぐち》の抑えを担当します」といって、命令を辞退した。信長は後日、このとき村重に先陣をさせなくてよかったと語ったという。

信長の軍令を拒《こば》むとは大それたふるまいだと思ってしまうが、この信長の述懐《じゆっかい》が、どの時点でなされたものかわからない。右の上月城攻めの様子を知ると、なるほど村重には本願寺攻めの先陣は荷が重かったか（先陣を務める将たる器ではなかったか）、と信長が皮肉まじりに納得したようにも解《かい》せる。

ここからあえて想像を逞《たくま》しくすれば、上月城支援の責任者は秀吉・村重ふたりであったにもかかわらず、うまくゆかないことを皮肉られたのは、いくさが必ずしも得手《えて》ではない村重だけだった。しかも、歌を送ってよこしたのが信長重臣の滝川一益・佐久間信盛となれば、屈辱《くつじょく》以外の何ものでもないだろう。このときの不満もあったのでは、と考えるのはうがち過ぎだろうか。

いずれにしても、中国経略をめぐる信長の方針に対する不信感や、織田氏家中における自身の立場への不満が、村重裏切りの原因であった可能性は高い。天野氏が指摘する久秀裏切りに通ずる、信長の家臣統制の拙《まず》さがあったようである。

信長、村重を慰留する

松永久秀につづき、荒木村重にも裏切られた信長だが、じつは天正六年十月に村重裏切りを知ったときにも、久秀のときとおなじく、すぐに信じようとはしなかった。

これまた『信長記』(巻十一)によれば、次のような次第である。

信長のもとに、村重が逆心《ぎゃくしん》を企てているという知らせが、方々から届けられた。疑わしく思った信長は、「何の不足があるのか。考えを申し上げればそのように命じよう」と、松井友閑・惟任《これとう》(明智)光秀・万見仙千代《まんみせんちよ》を介して村重に伝えたところ、村重からは「少しも野心をもっていません」と返事をしてきた。

これを聞いて信長は喜び安心し、人質として母親を差し出し、問題なければ出仕《しゅつし》してきなさいと命じたものの、結局、村重は謀叛を構えたため参上しなかった。このため信長は村重討伐《とうばつ》の兵を出した、というのである。

家臣謀叛の知らせを聞いても、すぐには信用せず、いったん本人に直接確認しようとする。そのときに相手に伝えることばは、「不足があったら言いなさい。聞いてやるから」というもので、けっして高飛車《たかびしゃ》に怒鳴りつけるのではない。

この点、久秀にも村重にも、おなじ対応をしている。藤本正行氏も「信長には、このように話し合いで解決しようとした例が、案外に多い」と、すでに指摘しているところである。村重のばあい、このときに出されたとみられる信長の書状が、『益田家文書《ますだけもんじょ》』（東京大学史料編纂所所蔵）のなかに伝わっている（次頁図版）。短いものなので読み下しにして、以下に全文を紹介しよう。


早々出頭もっともに候。待ち覚え候。

そこもと様躰《ようてい》言語道断是非《ぜひ》なく候。誠天下の面目を失う事どもに候。存分の通り両人に申し含め候。かしく。


宛名は「つのかミ殿（荒木摂津守《せっつのかみ》村重）・新五郎殿（村重嫡男《ちゃくなん》荒木村次《むらつぐ》）」。「そちらの様子は言語道断で、考えもおよばないことである。まことに天下の面目を失う事態となった。自分の考えは、使者の二人に申し含めておいた。（以下、冒頭の部分）早々に出頭されたい。

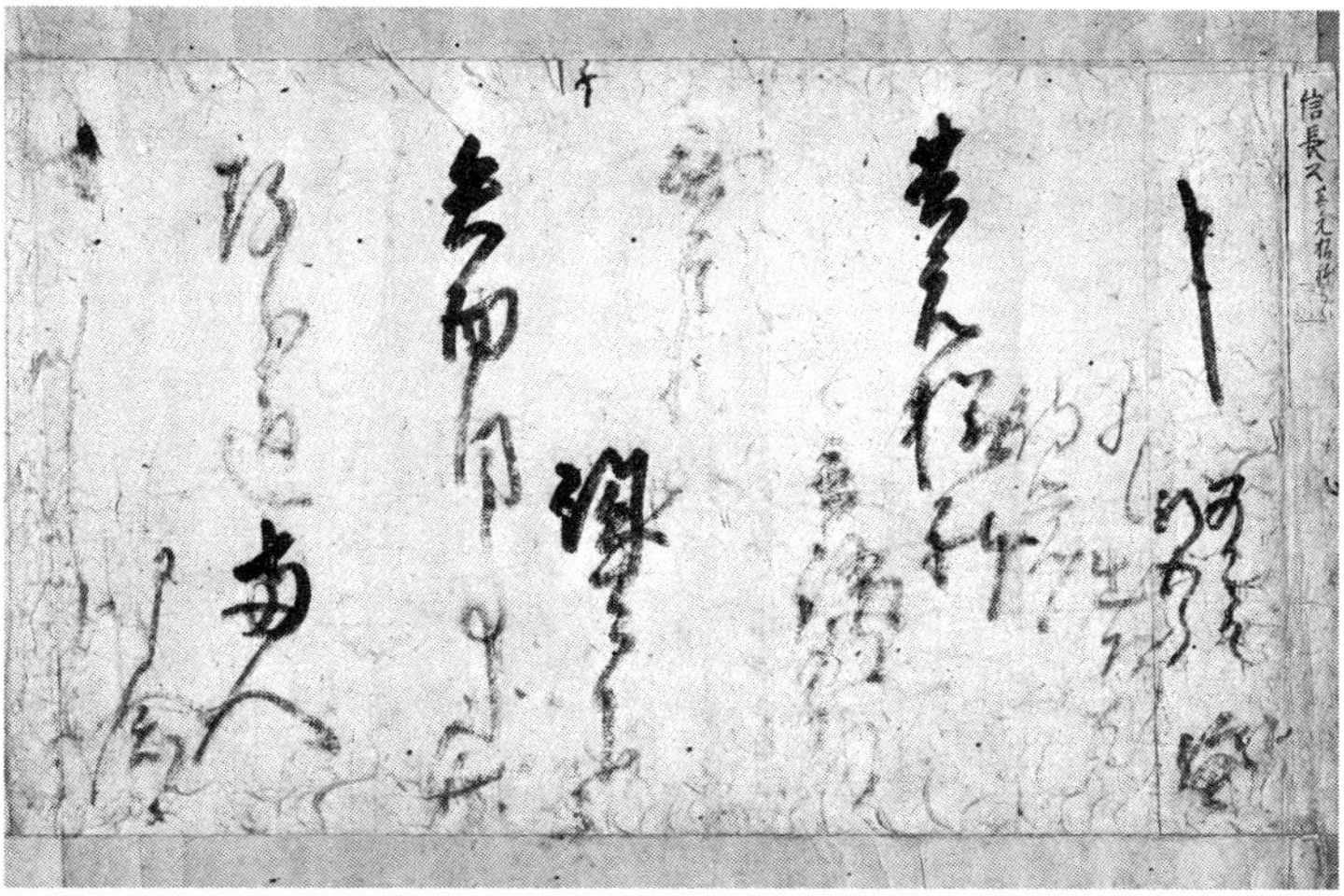

荒木村重・村次宛織田信長書状〈『益田家文書』東京大学史料編纂所所蔵〉

待っている」、こんなふうに解釈することができるだろうか。

まことに素っ気ない文面で日付もなく、これだけでは何とも理解しがたいのだが、村重父子の宛名や「言語道断」「天下の面目を失う」といった文言に、先の『信長記』の記事を合わせれば、村重裏切りを知った信長が、事情を聞くため出仕を求めた書状であると判断される。

しかも興味深いのは、これが信長自筆である可能性が高いことだ。

現在、確実に信長自筆の書状とされているのは、『細川家文書《ほそかわけもんじょ》』に伝わる（天正五年）十月二日付の長岡（細川）忠興《ただおき》宛書状ただ一点である（信七三八号）。添えられている同日付の堀秀政《ほりひでまさ》書状中に、「御自筆の御書を成された」とあるから、おなじ日付で伝わった文書が、信長自筆と判断されるわけである。この書状もまた、忠興のいくさでの手柄《てがら》を賞した、きわめて素っ気ない文面である。

村重父子宛の書状は、滋賀県立安土城考古博物館編『信長文書の世界』でも自筆かとされ周知のものであるが、『細川家文書』の自筆書状と比べても、筆跡や筆づかい（大ぶりで筆の腹で書いたような太い線）が共通する。このように、信長は自ら筆を執《と》って、村重裏切りの真意を確かめようとしていたのである。

◎家臣の裏切りに対し信長は…

家臣の裏切りにあった信長の対応について、やや後年の史料になるが、もうひとつ紹介しておきたいものがある。

近江・浅井氏の一族で、豊臣秀頼《とよとみひでより》に仕えて片桐且元《かたぎりかつもと》に属し、晩年の江戸時代初期に大坂の陣の頃を回顧した記録を残した、浅井一政という人物がいる。

彼の記録『浅井一政自記』（尊経閣文庫所蔵）は、大坂の陣について研究を進めている堀智博氏によれば、大坂の陣の十年から二十年後に書かれたと推測されるのだが、冬の陣に突入する直前の大坂城内の動きについて、こんなことが書かれている。

慶長《けいちょう》十九年（一六一四）九月頃、徳川方に通じているため成敗《せいばい》されるという噂を聞きつけ、片桐且元は大坂城に出仕してこなかった。これに対して秀頼は、一政たちにどう対処すればいいかを訊《たず》ねたところ、一政は、側近少々を召し連れて且元のところへいらっしゃり、説得されるのがよろしいのでは、と助言した。そこで一政は、次のように信長の例を引き合いに出した。「昔信長様おとなむほんを仕《つかまつ》る時、か様に成されたる由承り及び候」。

つまり、「昔、信長様の宿老《しゅくろう》が謀叛を起こしたとき、（信長様も）このようになさったという話を聞き及んでおります」というのである。

信長に対し謀叛を企てた家臣として思い浮かぶのは、本章で取り上げた松永久秀・荒木村重、そして明智光秀である。光秀のばあいは論外だし、久秀・村重のばあいにせよ、信長が直接彼らのもとを訪れて説得したという事実は確認されないから、一政の知っている信長の逸話《いつわ》が、事実を正しく伝えているわけではないのかもしれない。

ただ、ほぼ同時代に、家臣の謀叛に遭遇した信長の行動が、このように伝えられていることは注目してよいかもしれない。直接説得するのではないにしても、信長がいったんは相手の言い分に耳を傾けようとしていることは、『信長記』ほかの史料によって明らかなのだから、そのことが、一政が聞いたような話に変形したとも考えられるのである。

裏切りをはっきりと確かめてからの信長の行動は、容赦ない酷烈《こくれつ》なものであった。浅井長政嫡男の処刑や長政らの頭蓋骨の薄濃《はくだみ》、武田信玄・勝頼父子への強い憎悪については、すでに触れたところである。

上杉謙信に対しても、いったん敵対してからは許すことはなかった。謙信死すという情報を得た信長は、これを好機とみて、当時帯びていた官職である右大臣・右大将を辞し、周囲の敵対勢力との戦いに専念したいと述べているほどである。そして信長は謙信没後もなお上杉氏と戦いつづけ、本能寺の変時点では、柴田勝家率いる軍勢が越中の魚津《うおづ》城を陥《おとしい》れ、上杉氏に対し滅亡あと一歩のところまで追いつめようとしていた。

ただし、裏切りに対して、最初の情報だけでは信じようとせず、それが事実かどうかを確かめる慎重さを持っていたことや、本章で見たように、家臣たちに対していったんは慰《い》留《りゅう》しようとしている姿勢は、記憶にとどめておきたいところだ。

また、そもそも相手が裏切るとははなから思っていないような態度も印象に残る。光秀の裏切りを知った信長の姿に共通性は見られるのだろうか。いよいよ次章においてそれを考えてみよう。

第六章　明智光秀——裏切りの総決算

第6章／略年表

天正６年(1578)	10月	信長、長宗我部元親嫡男弥三郎に「信」の字を与える。
天正８年(1580)		元親、南伊予に侵入する。
天正10年(1582)	３月	信長、武田勝頼を討つ。
	４月21日	信長、安土城に帰る。
	５月７日	信長、三男信孝に讃岐を、三好康長に阿波を与え、四国攻めを命じる。
	５月15日	家康・穴山梅雪、安土をおとずれる。明智光秀、彼らをもてなす。
	５月17日	光秀、中国攻め支援を命ぜられ、居城近江坂本に下る。
	５月19日	安土城において家康らを迎える宴が催される。
	５月20日	同上
	５月21日	元親、斎藤利三に信長への恭順の意を伝える書状を出す。
	５月26日	光秀、坂本城から丹波亀山城に入る。
	５月27日	光秀、愛宕山に参籠し、鬮を取る。
	５月28日	光秀ら、愛宕山西坊において連歌を行う(愛宕百韻)。
	同	光秀、亀山城に帰る。
	５月29日	信長、安土より上洛する。
	６月１日	夜、光秀、家臣たちに謀叛の意志を告げ、軍勢を移動する。
	６月２日	光秀、本能寺において信長を襲い、これを討つ。

裏切りの成功例としての本能寺の変

第一章から第五章まで、信長を裏切った人物を、裏切った時間順にならべ、それぞれについて、友好関係にあった時期から裏切りに至るまでをたどり、最後に信長が彼らに裏切られた理由を考える、という筋道で述べてきた。

本章が対象とする明智光秀《あけちみつひで》（天正《てんしょう》三年七月より惟任《これとう》を名乗るが、ここでは明智で統一する）は、言うまでもないことであるが、信長を裏切った最後の人物であり、信長を殺害したという意味で、裏切りに唯一成功した人物である。

なぜ光秀は、信長を裏切ったのか。これは日本の歴史上、最大の謎のひとつとして、これまで専門家や小説家にかぎらず、さまざまな人びとにより、さまざまな説が提起され、いまだ腑《ふ》に落ちる答えが出されないままになっている。

ある人に言わせれば、「日本史のなかで、邪馬台国《やまたいこく》の謎と、本能寺《ほんのうじ》の変《へん》の謎だけは、誰がどんなふうに言っても許される」のだそうだ。それだけ、真相は解けずに藪《やぶ》の中にあり、よほど突飛《とっぴ》な説でないかぎり（たとえ突飛な説であっても文句を言いながら）受け入れる素地ができているのだろう。

とはいえ、信長について研究している専門家のはしくれとしては、何を言ってもいいと許されるから、裏づけのない大風呂敷をむやみに広げようとは思っていない。

もとより本書の目的は〝本能寺の変の謎解き〟でもない、と言い切ってしまうのは多少嘘になるか。ここまで、できるかぎり新しい研究を参照しながら、信長を裏切った人物と信長との関係を考え、〝なぜ信長は裏切られたのか〟を考えてきた。その背後に、本能寺の変に対する関心も、もちろんあったからだ。

だから、ここまでの叙述《じょじゅつ》のなかで浮かんできた〝裏切られ〟の理由に、光秀のそれと共通する点がないかどうかを探ることで、従来とはやや違った道筋から、この謎に近づけるのではないかとは思っている。

そこで本章は、同盟・臣従《しんじゅう》から裏切りへと、時間の流れを追って述べてきた以前の章とは逆の構成をとりたい。なぜ光秀は信長を裏切ったのか、という結論にあたる部分を先に述べることにする。

まずは『信長記』（巻十五）によりながら、本能寺の変前後の信長・光秀の行動と、事件の経緯をごくごく簡単に見てゆこう。

天正十年（一五八二）三月に武田勝頼《かつより》を討《う》った信長は、四月二十一日に安土《あづち》へ戻った。武田攻めには光秀も従軍している。武田氏の旧領であった駿河《するが》・遠江《とおとうみ》の両国が、徳川家康の領国として与えられるにあたり、家康と、武田氏を裏切った穴山梅雪《あなやまばいせつ》らが御礼のため安土を訪れることになり、彼らは五月十五日に到着した。

信長はそれから十七日までの三日間、安土に滞在する家康らのもてなしを光秀に命じている。光秀は京都や堺より珍しい物を取り寄せ、たいそう意を尽くした接待だったという。

そこに、備中《びっちゅう》・高松《たかまつ》城攻めにあたっていた羽柴秀吉《はしばひでよし》から信長に対し、支援の要請が届いた。信長は、光秀以下に先陣として出陣することを命じ、光秀は十七日に安土から居城の

織田信長像
〈長興寺所蔵、写真協力豊田市郷土資料館〉

近江《おうみ》・坂本《さかもと》城に帰って、出陣の準備をおこなった。安土城に家康らを迎えての盛大な宴《うたげ》は十九日・二十日と催されている。

さて、光秀は二十六日に坂本を発ち、もうひとつの居城である丹波《たんば》・亀山《かめやま》城に入った。翌二十七日に愛宕山《あたごやま》に参詣して一夜参籠《さんろう》し、神前にて二度三度、鬮《くじ》を取ったという。二十八日には、西坊において連歌《れんが》を興行した。有名な「ときは今あめが下知《したし》る五月哉《さつきかな》」の発句《ほつく》

明智光秀画像[伝]〈東京大学史料編纂所所蔵模写〉

を詠《よ》んだのが、このときである。

光秀は、その日のうちに亀山に戻った。信長は二十九日に上洛したが、召し連れていたのは小姓二、三十人ほどであった。ほかの武将たちは、出陣の用意をして指図《さしず》があり次第、出立《しゅったつ》するようにと命ぜられていたため、少人数での入洛となったのである。

天正十年五月は小の月なので、二十九日の翌日が六月一日である。その一日の夜、光秀は亀山において謀叛《むほん》の考えを重臣たちに告げたのち、中国方面に向かわずに、兵を東の京都へと動かした。桂川《かつらがわ》を渡って京都に入ったのは、（二日の）明け方頃だったという。

光秀の軍勢が、信長の京都における御座所《ござしょ》である本能寺を取り囲み、寺内に乱入した。信長も小姓衆《こしょうしゅう》も、最初は下々《しもじも》の者たちの喧嘩《けんか》かと思っていたところ、鬨《とき》の声を挙げて鉄炮を放っているので、すぐそうでないことに気づいた。

信長は「これは謀叛か。いかなる者の企《くわだ》てぞ」と問うたところ、従っていた森蘭丸《もりらんまる》が「明智が者と見え申し候」と答えた。すると信長は「是非《ぜひ》に及ばず」と口にし（原文は「不及是非と上意候」、次々頁図版▼の行）、弓や鑓《やり》を取って敵勢に立ち向かった。その後はご存じのとおりだから、説明しなくてもよいだろう。

「是非に及ばず」の真意

『信長記』著者の太田牛一は、この場に居合わせたわけではない。自筆本のひとつ池田家本によれば、本能寺から逃れた女性たちから、その場の様子を取材したことがうかがわれ、事件の状況が、すこぶる臨場感をもって描写されている。

もっとも、右の信長と蘭丸のやりとりまで、そのままだったとは言えないだろう。牛一の筆でもって、その場面が再現されていると考えるのが穏当《おんとう》である。

実際、浅井長政の裏切りを知ったときにも、信長は「是非に及ばず」と、ことばを発したという。第一章ではこれを「いまは考えている余裕はない」といった意味に解したが、光秀の謀叛を知った信長が発した（という）「是非に及ばず」も、似たような意味合いだったのではあるまいか。

「是非に及ばず」の用例を検討した藤本正行氏も、「事態が明らかになった以上、是非を論じている場合ではない。もはや行動あるのみ」と解釈している。

ただ、ひとつ気になることがある。第五章で、荒木村重の裏切りを知り、彼らの真意を問いただすべく認《したた》めた書状に、「言語道断是非なく候」とあることだ。これを自筆書状としてよければ、正真正銘信長が発したことばと言うことができる。

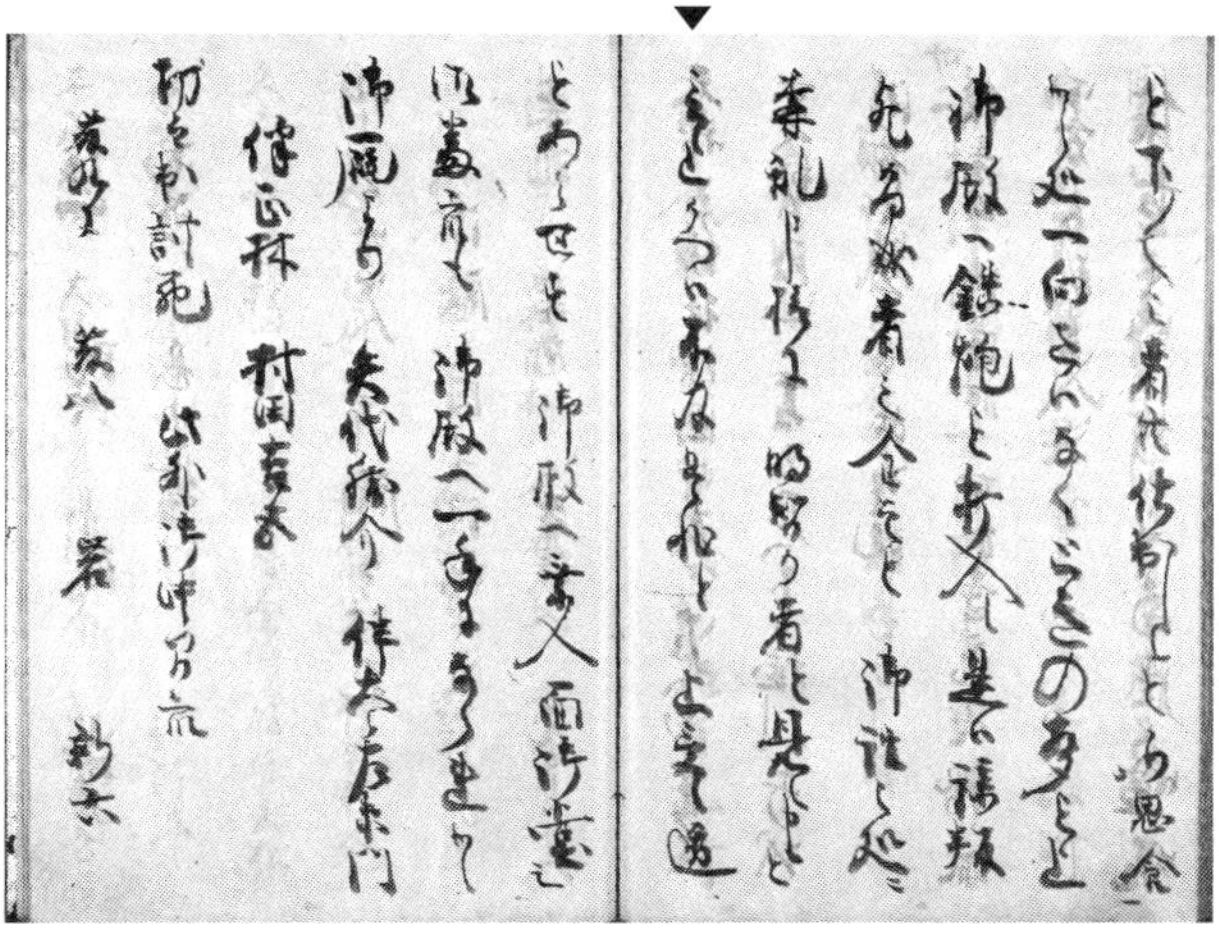

『信長公記・巻十五』本能寺の変の場面
〈建勲神社（京都市）所蔵〉

辞書を見ると「是非なし」は、「是非に及ばず」とは別に項目が立てられており、「善悪にかかわらない。よいわるいの判断を持たない」「しかたがない。やむを得ない」「当然である」のような意味がある（『日本国語大辞典第二版』）。「しかたがない。やむを得ない」というあたりは「是非に及ばず」の語釈と共通している。「是非に及ばず」「是非なし」は、ほぼ似た意味ととらえてよいのではあるまいか。

村重《むらしげ》父子宛書状の「是非なし」を、右の語釈に当てはめれば、「よいわるいの判断を持たない」が最も近いだろうか。これも究極的には「（よいわるいの判断以前に）考えるまでもない」ということになろう。やや軽くなってしまうが、現在わたしたちが（あまり嬉《うれ》しくない事態に直面して）驚いたとき、咄嗟《とっさ》に口に出る「考えらんない」という感嘆詞《かんたんし》が近いのではないか。

信長外交の過ちと〝四国説〟

ここまで〝裏切られ〟の理由について、信長に「外交の手ぬるさ・不器用さ」があったと指摘してきた。

信長と個々に同盟している相手同士の敵対という状況があるにもかかわらず、現状に配慮せずに一本調子で、彼らの和睦を推し進めようとしたこと（信玄・謙信の例）、現地における対立的状況を無視して、一方だけ、あるいは双方ともに肩入れすること（久秀・輝元の例）、信長と相手の支配地の境目に位置する領域にある勢力に対する、無配慮《むはいりょ》な支援・介入（信玄・謙信・輝元の例）などが挙げられる。

そうした外交における信長の過ちは、光秀裏切りの理由とむすびつくだろうか。そう言われてみると、たしかに思いあたるふしがある。近年、本能寺の変の原因として注目されている、いわゆる〝四国説〟についてである。

信長はもともと、四国土佐《とさ》の大名・長宗我部元親《ちょうそかべもとちか》と友好関係をもっていた。友好関係というよりも、元親が信長に従属していたとみなしてよい。天正六年十月には元親は、嫡子・弥三郎《やさぶろう》に信長の諱《いみな》の一字「信」をもらい受け、「信親《のぶちか》」と名乗らせているからである。そして、この両者を取り次いでいたのが光秀であり、彼の家臣・斎藤利三《としみつ》であった（『土佐国蠹簡集』信五七三号・『石谷家文書』）。

斎藤利三の実兄は、室町幕府の奉公衆・石谷光政《いしがいみつまさ》の養子となり、頼辰《よりとき》と名乗った。光政の娘（頼辰の義理の妹）が、元親の室である。その縁で光政は、元親のもとに身を寄せ、いっぽう、頼辰は光秀に仕えたと言われている。石谷家・斎藤家・長宗我部家は、以上のようなむすびつきがあり、その関係を前提にして光秀が、信長と元親の通交《つうこう》を媒介《ばいかい》していたのである。

信長に従属した元親は、信長から「四国は、元親の手柄次第《てがらしだい》に切り取ってよい」という朱印状を得ていたと言われている（『(長宗我部) 元親記』）。元親の実力で手に入れた領域の支配を認めるというのである。

この朱印状は残っていないので、実際、ふたりにどんな約束が交わされていたのかは明らかではないものの、四国戦国史の研究者である中脇聖氏によれば、信長にとっては敵対していた阿波三好氏を牽制《けんせい》するために、元親との同盟は有効であり、元親にとっても伊予侵攻にあたり、警戒すべき毛利氏への対抗策として、信長とむすぶことに意味があったという。

長宗我部氏を〝裏切る〟信長

こうした両者の関係に変化がおとずれたのは、天正八年（一五八〇）のこととされる。おなじく四国戦国史の研究者である平井上総氏は、この頃、元親が南伊予《みなみいよ》に侵入する動きがみられると指摘している。南伊予には、信長とつながりをもった領主・西園寺《さいおんじ》氏がおり、いわば織田氏とむすんでいる領主同士の敵対という状況が発生したことになる。

さらに信長は、天正三年から臣従していた阿波《あわ》三好氏出身の三好康長《やすなが》に、阿波・讃岐《さぬき》攻略を任せ、いっぽうで、羽柴秀吉を中心に中国地方経略を任せて、淡路《あわじ》をも手中に収めた。三好康長の影響力が四国に及ぶことにより、長宗我部氏が四国における織田派の中心だからこそ従ってきた讃岐・阿波・伊予の領主たちが離叛する可能性があり、土佐国外の長宗我部氏勢力圏が動揺することを、元親は恐れたのではないかと平井氏は推測する。

南伊予や三好氏の問題により、織田氏と長宗我部氏の同盟関係に、暗雲が立ちこめたのである。

これも『元親記』に見える記事だが、元親の「手柄次第」とされていた四国について、その後に信長は先の朱印状を反故《ほご》にし、伊予・讃岐は信長が支配し、元親には土佐にくわえ阿波南部半国を与える、という方針転換をおこなったという。

当然、これに元親は納得しない。「四国のことは、自分自身の手柄によって手に入れたのであり、信長卿《きょう》からの御恩《ごおん》を受けたものではない。考えもしなかった命令である」と、これを拒絶した。光秀から利三や頼辰が使者として派遣され、説得にあたったものの、元親はやはり受け入れなかったという。

天正十年に武田氏を討った信長は、実際、次に四国へと目を向けた。本能寺の変の約一か月前にあたる五月七日付で、三男の信孝《のぶたか》に与えた朱印状において、信孝以下に四国攻めを命じている。そのうえで、讃岐を信孝に、阿波を三好康長に与え、残る伊予・土佐両国は、信長が淡路に出馬したときに決定する、というのである（『寺尾菊子氏所蔵文書』信一〇五二号）。

近年公開され話題となった『石谷家文書《いしがいけもんじょ》』に含まれる、五月二十一日付の利三宛元親書状によれば、信長から届けられた「御朱印」（平井氏は、これを讃岐・阿波を差し出せという命令だと推測する）に応じて讃岐・阿波から兵を撤退させるものの、土佐支配を安定的におこなうため、国境付近にある阿波の海部《かいふ》・大西《おおにし》両城の支配だけは許してほしい、と懇願《こんがん》している。

この日付は本能寺の変の十日前にあたり、光秀に従って信長に叛旗《はんき》を翻《ひるがえ》した利三の手もとに届いたかどうかはわからないものの、少なくとも元親は、本能寺の変直前の時点において、信長に恭順《きょうじゅん》する姿勢を見せていたことがわかる。

このように、当事者である元親が直接、信長を裏切ったわけではない。ただ、彼と親密な関係にあった光秀や利三が、この措置《そち》に納得したかどうかはわからない。実際、彼らは信長に叛旗を翻したのだから、このときの信長の四国に対する政策変更が、そこに利害関係をもっていた彼らを動かしたのではないか、と考える強い根拠にはなりうる。

四国政策の転換について興味深いのは、このばあい信長から約束を違えたことだ。これまで見てきたとおり、信長は同盟相手に裏切られるという、受動的な立場であることが多かったが、ここまでの経緯によれば、長宗我部氏に対しては、一方的に同盟関係に背《そむ》いている。

そうした信長の、いままで見られなかったような背信行為《はいしんこうい》を目の当たりにした織田・長宗我部同盟の関係者である光秀（および利三）は、それが許せなかったと考えることもできる。

以上の考え方は、あくまでこれまでの信長の〝裏切られ〟の理由が本能寺の変にも共通性をもっているならば、という仮定のもと、それであれば、対長宗我部氏の外交、四国をめぐる外交の問題が共通するということで挙げたにすぎない。

光秀謀叛には、独自の理由が別に存在する可能性を否定はしないけれども、現実に起こった似たような事例を積み重ねて帰納的《きのうてき》に考えてみたら、四国の問題を原因とする蓋然性《がいぜんせい》が高い、という結論に達したまでである。

信長の油断

次に、これは〝裏切られ〟の理由ではなく、裏切られたときの状況に関する共通点になる。信長は、光秀の裏切りをまったく予期していなかった、ということである。

たとえば、信玄の裏切りに遭遇したときの反応を見れば、それがいかに寝耳に水だったかがわかるし、浅井長政・松永久秀・荒木村重らの裏切りを知ったときには、はじめは信じようとしなかった。信長の顔色が史料からわかるわけではないが、謙信・輝元のときも、似たような状況だったのではあるまいか。そして、それは光秀のばあいにも、ある程度は共通すると言えよう。

光秀が信長襲撃に成功した要因のひとつに、信長が率いて本能寺に宿していた手勢の少なさがあることは知られている。先に述べたように、『信長記』には小姓二、三十人を引き連れただけで本能寺に入ったとある。

本能寺の変から約六十年後に、光秀襲撃軍の末端にくわわっていた一人の武士が、当時を回想して記した「本城惣右衛門覚書《ほんじようそうえもんおぼえがき》」という記録がある。それによれば、惣右衛門がくわわった部隊が入った寺の門は開いており、鼠《ねずみ》ほどなる物すらいなかった、つまり、それほど静かだったということだろう。さらに、お堂の表には広間に人ひとりおらず、閑散《かんさん》としていた様子が記されている。

信長出陣の目的は、毛利氏と対峙《たいじ》している秀吉の支援であり、そのための軍事力としては、光秀が率いる軍勢を主軸にして、各自準備をして向かうように指示していたので、自らの手勢として大軍を率いる必要はなかった。

もちろん京都には嫡男・信忠と、彼が率いる尾張・美濃衆も駐留していたはずである。彼の麾下《きか》にあって、信忠が籠《こ》もった二条御所《にじようごしよ》にて討死した武士のひとりに、斎藤道三の子とされる斎藤利治《としはる》がいた。

彼の子孫は江戸時代、岡山藩・池田家に仕えており、藩に提出した由緒書《ゆいしょがき》によれば、このとき利治は稲葉氏らと「京辺稲荷同所」にいたという(『岡山藩家中諸士家譜五音寄』)。京都に軍勢が駐留するとき、麾下の武士たちは、このように分散して宿していた。

軍勢が京都にとどまるときに、こうした寄宿の方法をとる、つまり集合にある程度の時間がかかることは、光秀も熟知していただろう。また、あとで述べるように、出陣直前まで信長の側にいた光秀は、信長がわずかな供回《ともまわり》しか連れずに京都に入ったこともわかっていたはずだ。

いっぽう光秀は、秀吉支援のため畿内の軍勢を動かすことができた。この軍勢をもって襲撃すれば信長はひとたまりもない、という筋書きは頭に描くことができただろう。

秀吉は備中において毛利氏と、柴田勝家は越中において上杉氏と対峙《たいじ》していた。かつて畿内を中心とした地域の人びとを与力として従えていた佐久間信盛は追放され、光秀がその後継的な立場となっている。畿内において光秀軍に対抗しうるとすれば、四国渡海を直前にして大坂にあった、織田信孝や丹羽《にわ》(惟住《これずみ》)長秀《ながひで》らである。しかし、彼らとて信長が襲われたとき、すぐ救援に駆けつけることはできない。

たとえ光秀が、信長の四国・長宗我部氏への対応に不満をもっていたからといって、それがすぐさま謀叛という実力行使に直結するわけではない。天正十年六月という時点で、たまたま右に述べたような隙《すき》が目の前に生じ、その好機を逃さず行動に移した。このときの瞬時の状況判断が、裏切りを成功に導いた原因だと言える。

重用された光秀の肖像

光秀に対して、信長がこうした隙を見せたのは、光秀に対する絶大な信頼があったからであろう。

戦国史研究者の高柳光壽氏による先駆的な光秀の評伝はもちろんのこと、近年ではとくに光秀という人物の有能さを指摘する研究が多い。織豊《しょくほう》期研究者の堀新氏は武将として抜群の才能を持っていたことを評価すべきとし、藤本正行氏は吏僚《りりょう》としても優秀だったと論じている。軍事的にも行政的にも、高い能力をもっていた人物だったのである。

この点は、本能寺の変からほどなくして、本国ポルトガルにこの事件について報告を書き送った、イエズス会の宣教師ルイス・フロイスによる光秀の肖像からもわかる。多少長くなるが、本能寺の変直後に光秀の人となりを記した史料として貴重なものであるので、次に引用したい。

信長の政庁に、名を明智といい、元は低い身分の人物がいた。すなわち、卑《いや》しい家柄の出であり、信長の治世の当初、或る貴族に仕えていたが、巧妙で如才《じょさい》なく鋭敏なことからたいそう重んじられるようになった。彼は諸人から嫌われ、裏切りを好み、残虐な処罰を行なう非道者であり、人を欺《あざむ》き狡猾《こうかつ》な戦術を弄《ろう》することに長《た》け、気質は勇猛、築城術に精通していた。このように卑しい歩兵であったが信長は丹波《たんば》および丹後《たんご》と称する二カ国を授け、比叡山《ヒエノヤマ》の大学の全収入を与えたが、これは他国の収入の半ばを超えていた。しかし、明智はその異常さゆえにさらに多くを求め、日本君主国の主となりうるか否《いな》か試みることを望んだ。(『一五八二年度日本年報追信』、松田毅一監訳『十六・七世紀イエズス会日本報告集』)

これは一五八二年十一月五日付の通信である。事件から約四か月後のことだ。それから十年も経たないうちに、フロイスはその著『日本史』において、この部分を書き直している。信長に従う以前に仕えていた先について、右には「或る貴族」とあるが、『日本史』では兵部大輔《ひょうぶのたいふ》（おそらく細川藤孝）であるとしている。

右の光秀像は、反逆者に対する描写ゆえか、負の表現が多い。少し時間をおいた『日本史』でも、「裏切りや密会を好み、刑を科するに残酷で、独裁的」「己れを偽装するのに抜け目がなく、戦争においては謀略を得意とし」と辛口である反面、「忍耐力に富み、計略と策謀《さくぼう》の達人」「自らが（受けている）寵愛《ちょうあい》を保持し増大するための不思議な器用さを身に備えていた」「優れた建築手腕の持主で、選り抜かれた戦いに熟練の士を使いこなしていた」といったような、有能さも垣間《かいま》見える表現が入りこんでいる。

主君の信長との関係についても、「その才略、深慮、狡猾さにより、信長の寵愛を受けることとなり、主君とその恩恵を利することをわきまえていた」、「彼は誰にも増して、絶えず信長に贈与することを怠《おこた》らず、その親愛の情を得るためには、彼を喜ばせることは万事につけて調べているほど」、「信長は奇妙なばかりに親しく彼を用いた」のように、信長による光秀の重用ぶりに言及されている。

明快な書状を書く光秀

信長の光秀の能力に対する高評価については、光秀が書いた書状の明快さが、好例としてよく取りあげられる。

天正二年（一五七四）七月、長島一向一揆攻めの陣中にあった信長は、摂津《せっつ》攻めにあたっていた光秀から戦況報告を受け、それに返事を出している。このなかで信長は、「書中

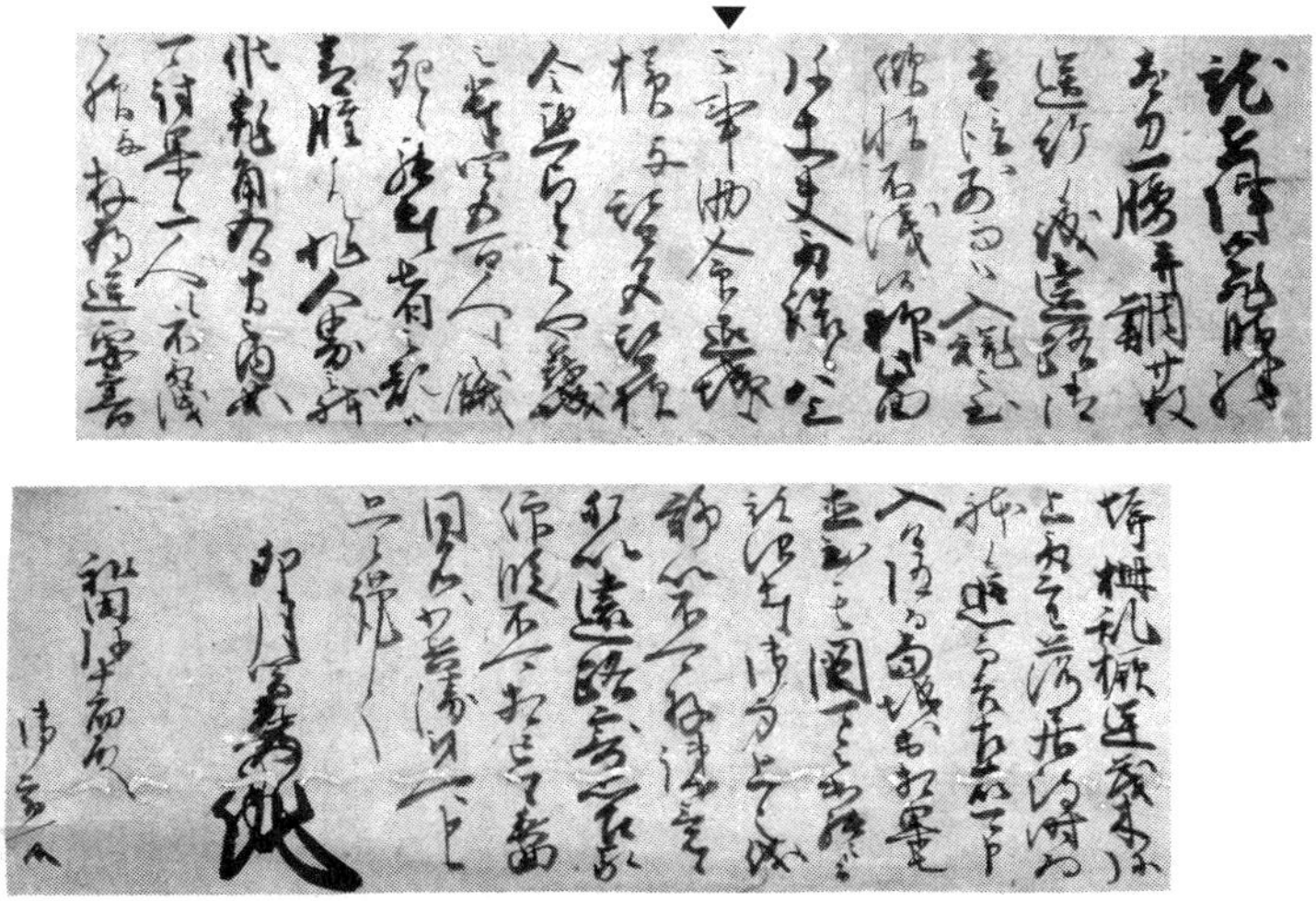

和田弥十郎宛明智光秀書状写〈『下条文書』大阪青山歴史文学博物館所蔵〉

つぶさに候えば、見る心地に候」と光秀を誉《ほ》めている（『細川家文書』信四六三号）。とても詳しい報告書なので、自身がその場を見ているように感じる、というのである。部下から明晰《めいせき》な報告書を提出されたら、上司は誰だって喜ぶだろう。

本能寺の変や光秀について研究を進めている藤田達生・福島克彦の両氏によって近年まとめられた、光秀の発給《はっきゅう》文書集のなかから、このような戦況報告書のたぐいを探すと、信長に対する文書は見られないものの、丹波の配下の武士に宛てた文書がいくつかある。

それらを読むと、たしかにすんなりと文章が頭に入ってくるように感じる。たとえば天正七年四月に、当時、攻撃をしていた丹波・

八上《やかみ》城の包囲戦について、光秀はこんな報告をしている。

「助命退城候ようにと、色を替え様を替え懇望《こんもう》せしめ候。はや籠城の輩《ともがら》四、五百人も飢え死にし候。罷《まか》り出で候者の顔は青腫《あおは》れ候て、人界《にんかい》の躰《てい》にあらず候。とかく五日、十日のうち必ず討ち果たすべく候。一人も取り洩《も》らさざるの様と存じ、逆さ要害《ようがい》として塀・柵・乱杭《らんぐい》・逆茂木《さかもぎ》いよいよ上げ取り重ね、落居時《らくきょとき》を待っていたらくに候」（『下条文書』明九〇号、前頁図版▼の行以下）。

厳重な包囲により、飢餓の極限にあった八上城内から出てきた者の顔は青くむくみ、人外の存在のようだという表現は生々しい。こうした「巧妙で如才なく鋭敏な」光秀を、信長は重く用いたのである。

光秀の忠義・光秀への信頼

フロイスは光秀について、信長の「親愛の情を得るためには、彼を喜ばせることは万事につけて調べているほど」と、いかにも信長に取り入るために、計算ずくで行動していたかのように記しているが、そのあたりの光秀の信長に対する忠義が、真意なのか作為《さくい》なのかはよくわからない。

ただ、こんな挿話《そうわ》がある。いままで光秀を語るうえでは用いられてこなかった史料だと思うので、少し詳しく紹介したい。

薩摩《さつま》・大隅《おおすみ》・日向《ひゅうが》を領していた戦国大名である島津義久《しまづよしひさ》の弟・家久《いえひさ》が、天正三年（一五七五）に上洛した。出立《しゅったつ》から帰国までの半年間の行動を記した日記がある（『中務大輔家久公御上京日記』）。それによれば、伊勢神宮や山城の愛宕《あたご》神社などの参詣が目的だとある。

家久はなかなか風流な人で、途中途中で連歌《れんが》を楽しんだり、歌枕《うたまくら》を見物したりするなど、歌道に深く傾倒《けいとう》していたようである。それもあって、三月に上洛してからは、当代随一の連歌師・里村紹巴《さとむらじょうは》の弟子心前《しんぜん》の家に寄宿し、紹巴らのもてなしを受けた。五月には紹巴の案内で、滋賀見物に赴《おもむ》いている。

そこで彼ら一行を手厚くもてなしたのが、紹巴の連歌仲間である坂本城主・明智光秀だった。坂本城は琵琶《びわ》湖《こ》に面した城である。初日に船を出して一行を迎えた光秀は、二日目には城へまねこうとする。家久が躊躇《ちゅうちょ》しているうち、光秀自身が城を出て家久のもとにやってきて、祝宴を開いた。

その宴では、ある遊興《ゆうきょう》があった。「よし巻」と称し、琵琶湖の鮒《ふな》や鯉《こい》・鯥《むつ》などを蘆《あし》のなかに集め、そこに編んだ簾《す》を丸く立て、そのなかに追いこみ捕獲するという遊びである。

しかし、この遊興に光秀は参加しなかった。当時、信長は武田氏と対陣するため東国《とうごく》に出征中であり（この月に、長篠《ながしの》の戦いで勝利する）、光秀は畿内に留《とど》まっていたようである。このため「なくさ（慰）みのかたには如何候《いかが》」と、参加を遠慮したのである。

主君がいくさに向かっている留守に、自分が遊ぶのはいかがか、という一流の配慮であろうか。もっとも、その後の酒宴にはくわわり、紹巴らと連歌を詠んでいるので、彼のなかで、どこに線引きがあるのかわからない。光秀は、信長が見ていないところでも主君を思いやる人物であった、と言うことはできそうである。

有能なうえに、こうした気配りもできる光秀には、フロイスが述べるような〝暗黒面〟があった。光秀は、本当に彼が書いているような一面をもっていたのか。そうだとしても、信長は気づかなかったのか。気づいていたとしても、あえて目をつぶっていたのか。たんに反逆者となったあとの時代に作られた、負の虚像なのかどうか。人間は複雑多様な面をもっており、いかようにも人物像を作り上げられるようにも思われる。

しかし言えるのは、本能寺の変直前においても、信長は光秀を強く信頼していたことである。

別のところで書いたが、天正十年三月の武田攻めに従軍した光秀は、帰ってすぐ、安土にやって来た家康一行の接待役を命じられた。光秀の友人である京都・吉田《よしだ》神社神主《しんしゅ》吉田兼見《かねみ》の日記には、光秀は「在庄《ざいしょう》」を命じられ、この間の準備にたいへんな労力を使ったと記されている。

従来この「在庄」は、接待役を解かれて休暇をもらった、と解釈されていた。しかし「在庄」とはたんに接待・もてなしの意味にすぎず、そのまま家康らの接待役を命ぜられたことを指すと指摘した。

つまり光秀は、武田攻め、家康らの接待、そして中国攻めのための出陣と、信長の命を受け休む間もなく奔走《ほんそう》していたのである。これだけ立てつづけに重要な役目を与えられるのだから、信頼されていないはずはない。

◎謎として残る足蹴事件

しかし、右の家康接待中に、ある事件が起きていたという。これまた有名な信長による光秀の足蹴《あしげ》事件である。

先に引用した十一月付のフロイスによる通信の中に記述はなく、あとから書かれた『日本史』だけに、この事件が書きとどめられている。つまりフロイスは、天正十年から数年のあいだに、本能寺の変直前のふたりに起きた事件についての噂話をどこからか聞きつけたことになる。

あらためて記すまでもなく知られた話だが、フロイスはこのように書いている。

これらの催し事の準備について、信長はある密室において明智と語っていたが、元来、逆上しやすく、自らの命令に対して反対（意見）を言われることに堪《た》えられない性質であったので、人々が語るところによれば、彼の好みに合わぬ要件で、明智が言葉を返すと、信長は立ち上がり、怒りをこめ、一度か二度、明智を足蹴にしたということである。（『フロイス日本史』第五十六章）

ここで光秀が信長に言葉を返したという中身が何であるのか、あるいはこれが長宗我部氏のことではないか、などと推測されているが、これだけでは一切わからない。たんに接待をめぐる些細《ささい》な諍《いさか》いだったかもしれないのである。

フロイスは「あるいはこのことから明智にはなんらかの根拠を作ろうと欲したかもしれぬ」と、足蹴を謀叛の根拠にした可能性を指摘しているが、これもフロイスの推測にすぎない。

あれだけの大事件の直前に起こった、ある意味劇的なできごとなので、作り話めいたものとして信用しない人も多いかもしれない。ただ、これが同時代の記録に記されていることは大きい。実際にあったかどうかは別としても、そうした噂話があって、フロイスの耳に届いていたのである。

これが本当にあったできごとならば、信長の隙《すき》を見いだして軍事行動に移した光秀の心のなかには、慕《した》っていた主君に足蹴にされた悔《くや》しさもあったのかもしれない、そんな推測をすることだけは許されるのではないか。

信頼しきっていた家臣に最後に裏切られ、殺された信長。その理由には、かつて信長を裏切った相手に共通する点があり、共通する信長の態度（信頼していたゆえの油断）がたしかにあった。

もし、わたしが推理作家ならば、こんな話を夢想する。

光秀は信長に仕えるそのときから、信長に対して殺意をもっていた。光秀はそれを悟《さと》られぬよう信長のために励《はげ》み、とうとう絶大なる信頼を獲得する。そして仕えてから十数年後、過度の信頼ゆえに信長が光秀に気を許した瞬間、これを襲って宿望《しゆくぼう》を成し遂げる。

そんな話を〝犯人〟光秀の視点で、本能寺の変の時点からさかのぼって書いてみるのはどうであろうか。ただこのばあい、なぜ仕える時点から光秀が殺意を抱いていたのか、その殺害動機に説得力をもたせなければならないだろう。そのあたりの肉付けは、自分の手には負えない。やはりわたしは作家には向かないようだ。面白いと思った人がいたら、この筋書きを自由に使ってもらってかまわない。

終章　信じすぎた報い

平手政秀の〝裏切り〟

ここまで見てきたように、信長は同盟相手の戦国大名や家臣に裏切られつづけた。もちろん、そこだけに注目したから、そう見えただけなのかもしれないし、この時代は、とくに信長だけに限らないのかもしれない。

ただし、「はじめに」で述べたことのくりかえしになるけれども、裏切りによって命を落としたことは、彼の〝裏切られ人生〟を象徴している。

それを考えると、家督《かとく》を継いで間もないころ、守役《もりやく》の宿老《しゅくろう》・平手政秀《ひらてまさひで》が切腹したことも、ある種の裏切りなのかもしれない。信頼していた家臣が自らの手で、手が届かない場所に旅立ってしまう。これこそ、究極の裏切りと言えるのではあるまいか。

そんなふうに考えたのは、本書の構想を頭のなかで少しずつ練りはじめていた二〇一五年十一月、歌舞伎座の顔見世《かおみせ》歌舞伎において一幕見《ひとまくみ》で観た「若き日の信長」がきっかけだった。

「若き日の信長」は大佛次郎《おさらぎじろう》が、十一世市川團十郎《いちかわだんじゅうろう》（当時は九世市川海老蔵《えびぞう》）のために書いた三幕の新歌舞伎であり、昭和二十七年（一九五二）十月に初演された。

題名のとおり、信長の若い頃を描いた作品で、信長の父信秀《のぶひで》の三年忌法要《きほうよう》、平手政秀の切腹、桶狭間《おけはざま》の戦いに向かう直前の様子が、戯曲化《ぎきょくか》されている。そのときは、初演した九世海老蔵の孫にあたる当代《とうだい》海老蔵が信長を演じていた。

政秀の切腹を知り、その遺書を読んだ海老蔵信長が、声を振りしぼって歎《なげ》きのすべてをぶつける場面に深い感銘をおぼえ、政秀の切腹もまた信長は、自身への裏切りと受けとめたのだと感じたのであった。信長の台詞《せりふ》は、原作では次のようになっている。

また恨《うら》みも言はねばならぬ。爺《じい》、なんで信長を捨てて死んだ？　そちや、卑怯《ひきよう》ぢや。さうとも、死んだ爺に、おれの言葉がとゞくか？　おれの肚《はら》が聞えるか、やい。俺に物を言はせず、おのれの料簡《りようけん》だけ述べて……そちや、遠いところへ行きをつた。（泣く）こりや卑怯ぢや。主《あるじ》をないがしろにしをつた。腹が立つ、腹が立つのぢや、やい。

（身をふるはせる）……そちや、おのれの苦しみだけを知つて、信長の苦しみを知らぬ。この信長を壁で囲つて、息を弱くしようとした。それには耐へられぬ故《ゆえ》、おれア暴れて外に出たまでだ。忠義無類の親切、とは承知ぢやが、真実は迷惑だつたぞ。その迷惑に上塗りして、そちや死んでくれたか？　この信長の胸を、かき裂く思ひ、遂《つい》に爺には分らなんだか？　かうと知つたら、組敷《くみし》いて取りひしいでも、おれの料簡、爺に呑込《のみこ》ませてくれるのだつた。さう思ふ、さう思ふぞよ。

日本史学という学問のなかで、平手政秀の切腹という事件を信長への裏切りととらえ、論じたいわけではない。彼の死は『信長公御入洛無以前の双紙』（『信長記』首巻）のなかで、「上総介《かずさのすけ》信長公実目《じちめ》に御座《ござ》なき様躰《ようてい》をくやみ、守立《もりたて》候験《しるし》なく候えば、存命《ぞんめい》候ても詮《せん》なき事と申候て、腹を切り相果《あいは》て候」とあるだけで、これを信長がどのように受けとめたのかはわからない。

文学者の大佛次郎が感じ取った切腹事件の様子は、この戯曲に描かれたとおりであり、海老蔵演じる信長の絶唱《ぜつしょう》が、信長の裏切られ人生を考えていたわたしの心に突き刺さってきたのであった。

外交の上手下手

本書を執筆するにあたり、多くの研究・著書を参考にした。とりわけ『織田信長家臣人名辞典』をはじめとして、近業《きんぎょう》の『織田信長の外交』に至るまで、信長研究の第一人者である谷口克広氏のお仕事がなければ書くことができなかった。

その谷口氏は、どちらかといえば信長の外交を評価しており、また信長像についても、人を信頼するというよりも猜疑心《さいぎしん》が強い人物ととらえているので、本書で書いたことはほぼ正反対になってしまい、恩《おん》を仇《あだ》で返したような、気まずい思いを抱いている。

とは言えいっぽうで、軍事史の面から信長の合戦などについて通説的理解に再検討を迫る指摘を次々と放っている藤本正行氏は、猜疑心が強いと思われがちな信長だが、案外人を信用するということを指摘している。

「信長は独裁者にありがちな猜疑心を持っていたが、優遇している相手ならば裏切るまいという尊大な感情（相手の心情を無視した）もあったはず」であり、それが本能寺に無防備な状態で入ったことにつながるという。

谷口氏の見解と藤本氏の見解は、けっして対立するものではない。また「相手の心情を無視した」一方的な思いこみを「尊大」と見るか、純粋に人を信用すると見るかは考えが分かれるところだが、ここまで「裏切られ」の状況を見てくると、藤本氏のこうした見方に共感をおぼえる。

信長外交の評価については、構想・執筆段階から谷口氏にも相談し、きびしいご意見を頂戴してもいた。たとえば、信長はけっして外交が得意でなかったのではないか、という問いかけに対しては、たしかにそういう一面は否定できないけれども、これは本質ではなく、時間の経過ゆえなのではないか、というのである。

つまりは、上洛前後あたりまでの信長は、美濃・斎藤氏への対抗上、信玄や謙信、浅井長政らと〝遠交近攻《えんこうきんこう》〟の外交をうまく展開することができていたが、上洛して「天下」と呼ばれる畿内地域に、義昭とともに権力を及ぼすように至って、次第に尊大にもなり、それまで同盟関係にあった大名たちの離叛《りはん》をまねくことになったのではないか、ということである。

たしかに、時間の流れのなかで信長の外交の推移を考えれば、うまく関係をとりむすんだ初期から、立場の変化による破綻《はたん》へと理解すると、すんなり納得できそうである。ただ、こうも言えるのではないだろうか。

尾張一国、あるいは美濃・尾張の大名である時点では、そのような外交が功《こう》を奏《そう》して領国の維持・拡大、義昭を擁《よう》しての上洛へとつながった。しかし、そのあと「天下」に拠点を移し、さらに義昭を追放して自らが「天下人」となってからでは、おこなうべき外交もまた、違った手段をとらねばならない。

信長は、その点にうまく対応できなかったのではないか。また家臣団の拡大に従って、彼らをうまく統御《とうぎょ》する能力を十分身につけていなかったのではないか、と。

信長には申し訳ないと思うけれども、やはり外交・家臣団統制という面では、不得手《ふえて》・一本気《いっぽんぎ》・不器用《ぶきよう》といったような負のことばしか浮かんでこないのである。

油断の時代の代表者

信長を裏切った人びとと信長の関係を見てゆくと、裏切られたとき、信長はまさか相手が自分を裏切るとは思っていなかったというのが、ほぼ全員に当てはまる。最後には、そのために命を落とす結果ともなった。本文で何度も言及したように、これは油断以外の何物でもない。

この「油断」ということばは、戦国時代になって急に史料上に多く登場するようになると感じている。

『北本涅槃経《ねはんぎょう》』に見える、王が臣下《しんか》に油を持たせ、一滴でも零《たら》したら殺すという、よく言われる「油断」の語源は、『日本国語大辞典第二版』によれば疑わしいのだという。同書に挙げられている用例は、延慶本平家物語《えんぎょうぼんへいけものがたり》に見える「ゆたむ」が最も古いものの、同時代の他の軍記物語に用例がなく、一般的ではなかったのではないかともされている。以下挙げられている用例は、『太平記《たいへいき》』以降南北朝・室町時代以降のものばかりだ。

たしかに、東京大学史料編纂所が公開している古文書の全文データベースを調べてみても、現在使われているような意味での用例は、平安時代・鎌倉時代にはまったく見られない。室町時代以降、このことばを用いる文書が格段に増える。

さらに戦国時代になると、ふだんやりとりされる書状のなかに、常套句《じょうとうく》とも言えるほど頻繁《ひんぱん》に登場するようになる。本書で触れたなかでも、上杉謙信に支援できなかったことを詰問《きつもん》された信長が、「けっして油断していたわけではありません」と弁明していた。

その信長自身も、家臣らに対する命令のなかに、「油断あるべからず候」「油断あるまじく候」と念を押して述べる例は、枚挙《まいきょ》に遑《いとま》がないほどであり、これは信長に限ることではない。

「油断」ということばが指し示している、人間の気のゆるみ・不注意という行為は、いつの時代、どこの地域にもあったであろう。そうした人間のうっかりした過《あやま》ちが、「油断」と呼ばれるようになった。戦国の世の中では一瞬の「油断」が、ややもすれば命取りにつながった。だからこそ一気に広まり、人びとに受け入れられ、用いられたのかもしれない。

その意味では、信長にとって（あるいは彼を強く尊敬する人たちにとっては）あまり嬉《うれ》しくない表現かもしれないが、信長は〝油断の時代〟を代表する人物でもあった、と言うことができるだろう。

何かを信じた者だけにある裏切り

最後に、もう一度問いかけてみよう。〝裏切り〟とは何だろうか？

裏切りとは、お互い信用していた同士のいっぽうが、もういっぽうに背《そむ》くことである。信用・信頼、信じることなしに裏切りはない。

信長は、人を信じすぎたのではないのか。本書執筆中、信長の子孫にあたる織田信孝氏（柏原藩織田家の当主）が、同様の発言をしていることも知った（インターネットサイト「サライ.jp」二〇一六年十二月九日配信）。おなじように考えている人が他にもいることに安心をおぼえたのである。

これまた本書の構想を練っていたとき、いま人気のロックバンドRADWIMPS《ラッドウィンプス》のアルバム『絶体絶命』（二〇一一年）に入っている「億万笑者」という曲をたまたま耳にし、驚いた。これはまさに信長のことを唄っているのではないかと感じたからだ。さまざまな史料を読みながら、曖昧《あいまい》ながらも自分が描きだそうとしていた「裏切られ信長」像が、まさにこの曲のなかに、ことばとなって現出していたのである。

「億万笑者」（野田洋次郎作詞）の唄い出しは、次のようなものだ。

明日に希望を持った者だけに　絶望があるんだ
何かを信じた者だけに　裏切りはあるんだ
勇者だけに与えられた　名誉の負傷とでも言うのか
それにしてはずいぶんと　割に合わないな

「何かを信じた者」にしか、裏切りはない。これほどたびたびの裏切りにあった信長は、あまりに相手を信じすぎたのではないか。最後に信頼厚かった光秀に裏切られ、死に直面した「勇者」信長は、「それにしてはずいぶんと割に合わないな」とつぶやいて腹を切ったのかもしれない。でも、「信じる事は簡単な事　疑うより気持ちがいいね」（GReeeeN《グリーン》「遙か」）ということばをかけて信長を慰めたい。

この曲を聴いてからというもの、信長がさまざまな人たちに裏切られた原因は「信じすぎたゆえの報い」なのだという考えに支配され、頭から離れなくなってしまった。したがって、本書には通奏低音《つうそうていおん》として、RADWIMPSの「億万笑者」が流れていることを最後に書いておきたい。

＊日本音楽著作権協会（出）許諾第1703270０6-01

【主要参考文献】

浅利尚民・内池英樹編『石谷家文書　将軍側近のみた戦国乱世』吉川弘文館、二〇一五年
安土城考古博物館編『信長文書の世界（第二版）』二〇〇七年
天野忠幸『三好一族と織田信長』戎光祥出版、二〇一六年
池上裕子『織田信長』吉川弘文館、二〇一二年
遠藤珠紀「織田信長子息と武田信玄息女の婚姻」『戦国史研究』六二、二〇一一年
太田浩司『浅井長政と姉川合戦』サンライズ出版、二〇一一年
奥野高広・岩沢愿彦校注『信長公記』角川文庫、一九六九年
金子拓『織田信長という歴史』勉誠出版、二〇〇九年
金子拓編『『信長記』と信長・秀吉の時代』勉誠出版、二〇一二年
金子拓『織田信長〈天下人〉の実像』講談社現代新書、二〇一四年
金子拓「明智光秀の接待」東京大学史料編纂所編『日本史の森をゆく』中公新書、二〇一四年
鴨川達夫『武田信玄と勝頼』岩波新書、二〇〇七年
鴨川達夫「元亀年間の武田信玄」『東京大学史料編纂所研究紀要』二二、二〇一二年
桐野作人『だれが信長を殺したのか』ＰＨＰ新書、二〇〇七年
桐野作人『織田信長』新人物文庫、二〇一四年（元版二〇一一年）
功刀俊宏「足利義昭・織田信長による若狭武田氏への政策について―武藤友益討伐などから―」
第五四回白山史学会口頭報告、二〇一六年
黒田日出男『謎解き　洛中洛外図』岩波新書、一九九六年
佐藤進一『増補花押を読む』平凡社ライブラリー、二〇〇〇年（元版一九八八年）

柴辻俊六・平山優・黒田基樹・丸島和洋編『武田氏家臣団人名辞典』東京堂出版、二〇一五年
柴裕之『戦国・織豊期大名徳川氏の領国支配』岩田書院、二〇一四年
柴裕之「織田・毛利開戦の要因」『戦国史研究』六八、二〇一四年
柴裕之「織田権力と越後上杉氏―その外交関係と開戦への展開」国史学会四月例会口頭報告、二〇一六年
染谷光廣「武田信玄の西上作戦小考」『日本歴史』三六〇、一九七八年
高柳光壽『明智光秀』吉川弘文館、一九五八年
谷口克広『信長軍の司令官』中公新書、二〇〇五年
谷口克広『戦争の日本史13　信長の天下布武の道』吉川弘文館、二〇〇六年
谷口克広『検証　本能寺の変』吉川弘文館、二〇〇七年
谷口克広『信長と消えた家臣たち』中公新書、二〇〇七年
谷口克広『織田信長家臣人名辞典第二版』吉川弘文館、二〇一〇年
谷口克広『信長の政略』学研パブリッシング、二〇一三年
谷口克広『信長と将軍義昭』中公新書、二〇一四年
谷口克広『織田信長の外交』祥伝社新書、二〇一五年
谷口研語『明智光秀　浪人出身の外様大名の実像』洋泉社歴史新書y、二〇一四年
辻川静雄『織田信長と越前一向一揆』誠文堂新光社、一九八九年
長浜市長浜城歴史博物館『戦国大名浅井氏と北近江』サンライズ出版、二〇〇八年
中脇聖「信長は、なぜ四国政策を変更したのか」日本史史料研究会編『信長研究の最前線』洋泉社歴史新書y、二〇一四年
平井上総『長宗我部元親・盛親』ミネルヴァ書房、二〇一六年

平山優『敗者の日本史9　長篠合戦と武田勝頼』吉川弘文館、二〇一四年
藤本正行『本能寺の変　信長の油断・光秀の殺意』洋泉社歴史新書y、二〇一〇年
堀新「明智光秀　もっと評価されてもよい武将としての才能」『週刊　新発見！日本の歴史戦国時代3』朝日新聞出版、二〇一三年
堀智博「豊臣家中からみた大坂の陣—大坂落人浅井一政の戦功覚書を題材として—」『共立女子大学文芸学部紀要』六三、二〇一七年
丸島和洋『戦国大名の「外交」』講談社選書メチエ、二〇一三年
宮島敬一『浅井氏三代』吉川弘文館、二〇〇八年
村井祐樹「東京大学史料編纂所所蔵『中務大輔家久公御上京日記』」『東京大学史料編纂所研究紀要』一六、二〇〇六年
村井祐樹『戦国大名佐々木六角氏の基礎研究』思文閣出版、二〇一二年
森脇崇文「天正初期の備作地域情勢と毛利・織田氏」『ヒストリア』二五四、二〇一六年
山本浩樹『戦争の日本史12　西国の戦国合戦』吉川弘文館、二〇〇七年
和田裕弘「「本城惣右衛門覚書」について」『真説　本能寺の変』集英社、二〇〇二年
「業余稿叢十五　本城惣右衛門覚書」『ビブリア』五七、一九七四年
『フロイス日本史』（中央公論社）・『十六・七世紀イエズス会日本報告集』（同朋社）／『日本国語大辞典第二版』（小学館）・『国史大辞典』（吉川弘文館）・『日本歴史地名大系』（平凡社）／東京大学史料編纂所各種データベース

あとがき

筆者の前著『織田信長〈天下人〉の実像』(講談社現代新書)を読んだ、書籍の企画編集会社から、「信長の人物像について、一般向けの本を書きませんか」という誘いを受けたのは、二〇一五年の夏のことだった。

「信長の人物像」全般について書ききる能力も自信もなかったので、ここで論じたような主題でよければと逆に提案したところ、先方もそれを受け入れて実現したのが本書である。

ちょうどその頃、朝日カルチャーセンター新宿校で月一回の講座を受け持ち、「信長と戦国武将たち」という主題で、信長と彼の好敵手《こうてきしゅ》や家臣たちをえらび、信長と彼らとの関係について話をさせてもらっていた。そこで話をしているうち、「なぜかくも信長は裏切られてばかりなのだろうか」という疑問が頭に浮かんできていた。それが逆提案のきっかけとなった。

幸い二〇一六年度も、引きつづき朝日カルチャーセンターの講座を持たせていただくことになったので、一年間この主題(「信長を裏切った武将たち」)で考え、あらためて話をして、本の執筆につなげよう、そんな目論見《もくろみ》だった。

脱稿の目標は約一年後に設定していたのだけれど、まとまった執筆時間が思うように確保できず、完成が延び延びになってしまった。そこで二〇一七年の年明けという最終期限を設定し、依頼元からの叱咤激励《しったげきれい》を受けながら、信長について書くことに怖《お》じ気《け》づく自分を奮《ふる》い立たせ、何とか書き通すことができた。

二〇一五・一六年の二年にわたり、朝日カルチャーセンターの講座を辛抱《しんぼう》強く聴いてくださった受講者の皆さんがいなければ、このような本はできあがらなかったと思う。感謝申し上げます。また、この講座を支えていただいた（今もお世話になっている）担当者の横井周子さんにも御礼申し上げたい。

本書はもともと、「裏切られ信長」という開発名《コードネーム》を冠して書き始めた。これを書名とするには、いささか刺激的すぎる（あるいは創作めいている）ということで、本書のような題名に落ち着いたのだが、開発名にはモデルがある。たんに語感《リズム》だけが合っているにすぎないのだが、司馬遼太郎の長篇『尻啖え孫市』である。

といっても、この作品を読んでいるわけではない。自慢にはならないが、司馬遼太郎作品はほとんど読んだことがない。わたしが知っている司馬遼太郎の文章は、直木賞選考委員として、ＳＦ作家・広瀬正の作品を一貫して高く評価していた、その選評ぐらいである。その意味で、小説以外の随筆から断簡零墨《だんかんれいぼく》までが収められた新潮文庫の『司馬遼太郎が考えたこと』は貴重だ。

それはともかく、『尻啖え孫市』という本（たしか文庫本だった）との出会いは、子供のころ、親が寝室に使っていた和室に置いてあったのを見つけたことだったと記憶している。父が読んでいたのだろう。そもそも「尻」の語につづく「啖え」の読みがわからなかったし、「孫市」が誰なのかも知らなかった。孫市が雑賀孫市《さいかまごいち》のことだと知ったのは、ずいぶん経ってからのことである。

「啖え」を「クラエ」と読むことがわかって以来、「シリクラエマゴイチ」という書名の響きは、不思議に頭に残った。そういう意表を突いた書名が与える深い印象という点からしても、司馬遼太郎という作家は、すぐれた感性をもっているのだろう。

「シリクラエ」という命令形と、「ウラギラレ」という受動態には、五音という以外に共通性はないのだけれど、自分のなかで「ウラギラレノブナガ」という語感のみなもとが「シリクラエマゴイチ」にあることだけは間違いない。

父は歴史物が好きで、わたしが大河ドラマを観始めたのも、父が観ていたからなのだと思う。記憶にある最も古い大河ドラマは一九七六年の『風と雲と虹と』であるが、一年通して観たのは、その翌年の『花神』からである。そこから『黄金の日日』『草燃える』とつづき、わたしの歴史好きは決定的になった。

「シリクラエマゴイチ」といい、この道、そして本書へと導いてくれたのは父であったわけで、あらためてその恩に感謝しなければならない。

自分でも意図せず信長の研究に携《たずさ》わることになり、このように信長に関する一般向けの本まで書く仕儀《しぎ》となった。

でも、織田信長という存在はあまりに大きすぎる。本当にこんなことを書いていいのか、誰でも知っていることをいかにも自説のように書いているのではないのか、あるいは間違いだらけ、誤解だらけなのではないのか、という思いが執筆中、ずっと頭から離れなかった。これはなかなか辛《つら》いことである。だから、信長について書くことは当分遠慮したい、というのが正直ないまの心境である。

二〇一七年三月　　金子 拓

金子 拓 かねこ・ひらく
一九六七年、山形県生まれ。一九九〇年、東北大学文学部国史学科卒、同大学院文学研究科博士課程後期修了。博士（文学）。現在、東京大学史料編纂所准教授。専門は日本中世史、史料学。著書に『織田信長権力論』（吉川弘文館）、『織田信長〈天下人〉の実像』（講談社現代新書）、『織田信長という歴史』（勉誠出版）、『記憶の歴史学』（講談社選書メチエ）などがある。

織田信長 不器用すぎた天下人

二〇一七年 四 月二五日 初版印刷
二〇一七年 五 月 一 日 初版発行

著　者……………金子 拓
企画・編集…………株式会社夢の設計社
東京都新宿区山吹町二六一 〒162-0801
☎〇三-三二六七-七八五一（編集）
発行者……………小野寺 優
発行所……………株式会社河出書房新社
東京都渋谷区千駄ヶ谷二-三二-二 〒151-0051
☎〇三-三四〇四-一二〇一（営業）
http://www.kawade.co.jp/

ＤＴＰ……………イールプランニング
印刷・製本…………中央精版印刷株式会社

Printed in Japan ISBN978-4-309-22700-9